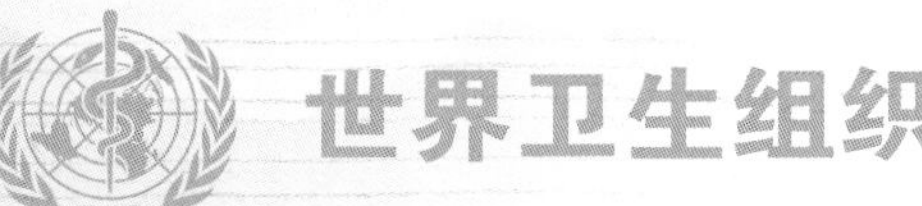

轮椅服务管理者教程

教师手册

[美] 莎拉·弗罗斯特 等著
钟磊 译

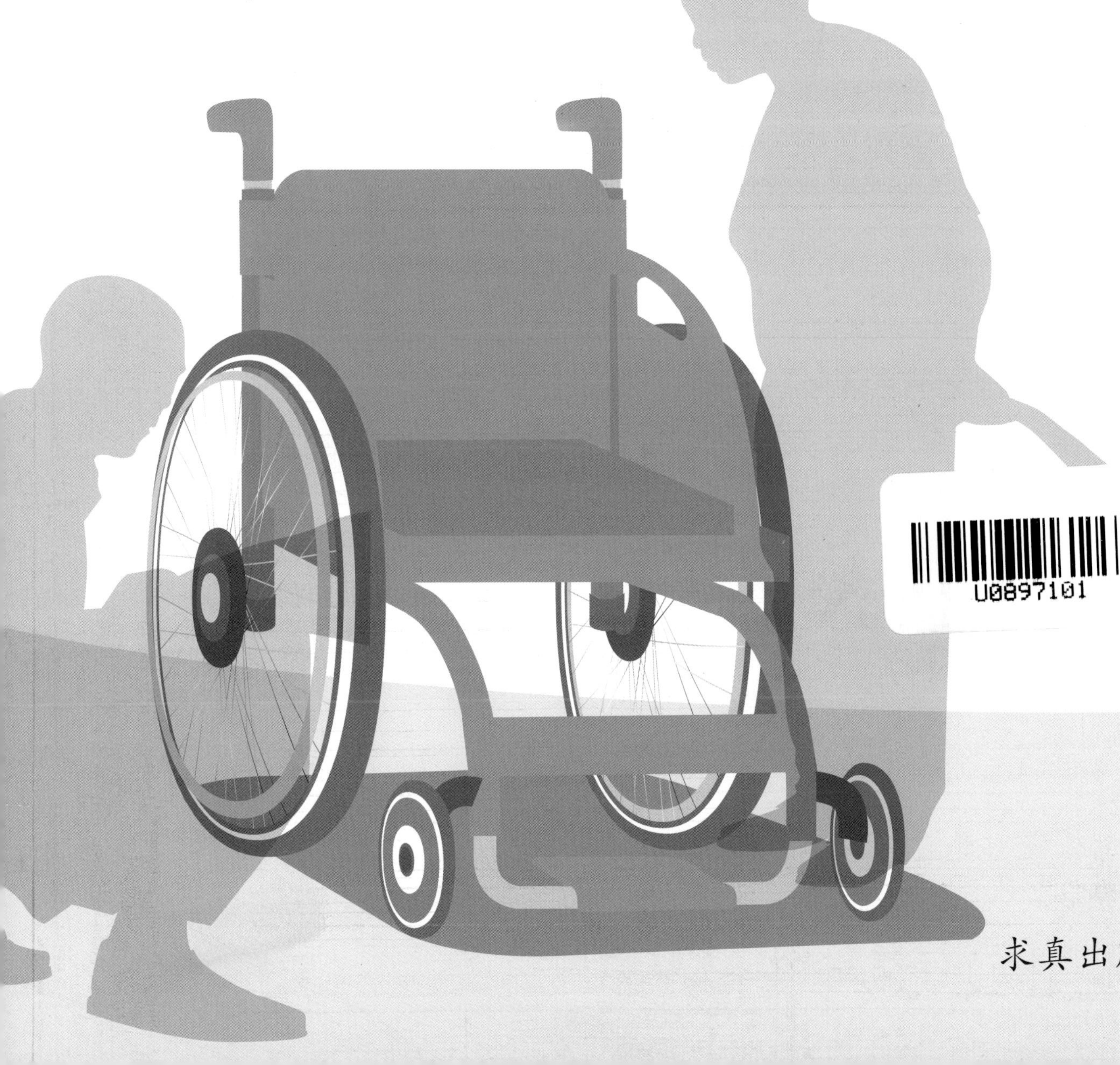

求真出版社

图书在版编目（CIP）数据

轮椅服务管理者教程．教师手册/（美）莎拉·弗罗斯特等著；钟磊译．—北京：求真出版社，2017.8

ISBN 978-7-80258-241-5

Ⅰ．①轮… Ⅱ．①莎…②钟… Ⅲ．①四肢—残疾人—社会服务—技术培训—教材 Ⅳ．①C913.69

中国版本图书馆 CIP 数据核字（2017）第 210460 号

轮椅服务管理者教程——教师手册

著　　者：［美］莎拉·弗罗斯特　等
译　　者：钟　磊
责任编辑：计　悦
出版发行：求真出版社
社　　址：北京市西城区太平街甲 6 号
邮政编码：100050
印　　刷：北京华联印刷有限公司
经　　销：新华书店
开　　本：787×1092　1/16
字　　数：165 千字
印　　张：9
版　　次：2017 年 8 月第 1 版　2017 年 8 月第 1 次印刷
书　　号：ISBN 978-7-80258-241-5/C·9
定　　价：36.00 元
编辑热线：（010）83190270
销售服务热线：（010）83190297　83190289　83190292

术　语

本教程中的术语定义如下：

术语	定义
适用的轮椅	能够满足使用者需求以及环境状况的轮椅；提供适配和体位支撑并且安全耐用；国内可得到且在国内能够以最经济实惠的价格购买和维修并接受持续的服务。
手动轮椅	由使用者本人驱动或由其他人推行的轮椅。
体位支撑装置（PSD）	用于提供附加体位支撑的装置，是中级轮椅服务的主要内容。
轮椅	为行走或移动困难者提供轮式移动和坐位支撑的器具。
轮椅改制	对轮椅进行改造。
轮椅供应体系	轮椅设计、生产、供应和提供服务的总术语。
轮椅服务	轮椅供应体系的一部分，以确保每位使用者都能获得一辆适用的轮椅。
轮椅服务人员	提供适用轮椅服务中具有专业技能的人员。
轮椅使用者	有行走或移动困难而需要使用轮椅代步的人士。

目录

《轮椅服务管理者教程》概述

简介

世界卫生组织（WHO）于2008年、2012年和2013年分别发布了《资源有限地区手动轮椅服务指南》[①]、《轮椅服务初级教程》（WSTPb）[②]和《轮椅服务中级教程》（WSTPi）[③]。世界卫生组织与美国国际开发署（USAID）共同开发了轮椅服务教程的第三部分，它包括两个分教程：《轮椅服务管理者教程》（WSTPm）和《轮椅服务利益相关者教程》（WSTPs）。世界卫生组织轮椅服务教程的第三部分用于支持管理者有效地开发适用的轮椅服务体系，提高利益相关者的认识，并促进他们在所在国家或地区建立适用的轮椅服务体系。

轮椅是能使个人移动的最常用辅助器具之一。对于行走或移动困难的人们来说，轮椅是他们移动、赋能、获得尊严和生活幸福的基本工具。移动能够为轮椅使用者开启独立和享受健康、教育、工作和参与社会文化活动的大门。然而，统计数据显示，有超过7000万人需要轮椅，但是只有5%～15%的人获得了轮椅。此外，轮椅服务人员很少有机会获得开具有效轮椅处方所需知识和技能的培训。

移动能力的重要性也反映在联合国《残疾人权利公约》（CRPD）[④]里，其倡导“采取有效措施，确保残疾人尽可能独立地享有个人移动能力”。为确保有效的个人移动，轮椅使用者就需要一辆正确适配并满足他们具体需求的轮椅。这就需要有相应的能够反映个人需求的方法。

满足轮椅使用者个人需求的有效方法是通过组织良好的轮椅供应体系提供轮椅，该体系能够对使用者的需求作出积极的反应，维护他们的尊严并由受过良好训练的人员来实施。

目标人群

本教程是为负责实施、管理和评价康复服务包括轮椅供应或轮椅服务的所有人员设计的。

以往的轮椅服务管理经验不是必须的，然而培训班的设计是假定学员在开始培训之前已具备基本的管理技能。

注意：每单元的实际时间将根据以下因素而变化：

- 学员的经验和技能；

- 全体学员的数量；
- 培训中是否需要翻译；
- 是否需要增加其他内容。

受以上因素的影响，完成教程的时间可能或长或短。强烈建议教师根据当地的情况及学员的培训需求调整和修改课程表。

目的

本教程的目的是提高所有轮椅服务人员的认识，并提升他们的知识和技能。WHO 认识到如果不能充分参与建立或提高所在国家的轮椅供应体系，单独培训人员并不能确保在所在国家提供适用的轮椅或完成《资源有限地区手动轮椅服务指南》中的职责。

本教程提出了康复或轮椅服务管理者在组织和领导实施轮椅服务 8 个步骤中的职责和有关问题的概述。它包括需要用于轮椅服务的人力和物力资源，如计划、组织、人员、指导、成本或资金、监督和评价。

本教程的实施将有助于管理者：

- 更好地规划轮椅供应体系；
- 提高轮椅服务的质量；
- 更好地留住专业人员；
- 增加获得适用轮椅使用者的数量；
- 提升轮椅供应体系的可持续性。

范围

本教程可以在 13～14 个小时内教授完成，根据不同情况的具体需求和可用资源，培训时间可能会延长或缩短。本教程包括：

- WHO《轮椅服务初级教程》中描述的轮椅服务关键步骤概述；
- 轮椅服务需要的核心知识；
- 开始轮椅服务；
- 运作轮椅服务；
- 使轮椅供应体系可持续。

教师

技能：实施本教程培训的教师应该很好地理解培训的主题和情景。他们应该意识到现有轮椅供应体系的项目和差距，以及当地相关的法律、战略和政策。

精选教师对于培训成功很重要。建议教师具备：

- 培训和帮助学员的经验；
- 管理不同层次学员的经验；
- 坚信引进适用的轮椅供应体系对轮椅使用者是有益的。

教师数量：建议每8～10名学员配一位教师。培训中有一名有经验的轮椅使用者，并且能够熟练掌握培训主题与内容，可能是一笔培训财富。如果不止一位教师，建议按照单元进行分配以避免一位教师讲得太多。

如何开始

在实施教程之前，你必须将光盘的内容（在WHO《轮椅服务管理者教程》和《轮椅服务利益相关者教程》文件内）复制至电脑。实施本教程的最简便方法是：

1. 从手册文件夹中打开《教师手册》：

   1.1 阅读“轮椅服务教程”和“教师指引”部分；

   1.2 如果没有教材，为每位教师打印和装订《教师手册》；

   1.3 打印课程表和培训评价表。

2. 按照“如何准备实施教程”单元中的建议进行全部必要的安排。参阅培训教师卡上的其他信息。

3. 给每位学员一整套培训资料，包括：《学员手册和实训手册》、轮椅服务步骤的海报。如没有，可以从光盘中打印。

4. 打开培训教程的课程表并点击每单元的超级链接，你将进入对应的幻灯片和视频。实施培训的最好方式是尽可能按照每单元分配的时间及顺序执行。

1. 教师指引

1.1 培训概述

单元	分钟
欢迎、介绍和概述	30
A：核心知识	
A.1：什么是适用的轮椅供应体系	50
A.2：提供轮椅服务	40
A.3：领导变革的管理者	45
B：开始轮椅服务	
B.1：获得服务	45
B.2：设施和设备	55
B.3：适用轮椅的范围	80
B.4：人员配置	50
B.5：轮椅服务的成本	60
C：运营轮椅服务	
C.1：如何确定轮椅服务是否有效	75
C.2：管理需求	85
C.3：规划随访	85
C.4：规划财务的可持续性	70
整合所有知识	30
合计	800

1.2 课程表与课时

本教程应在连续时间或在一定时间分段实施。完成本教程的培训至少需要13～14小时。每单元需要的预估时间已经包括在该单元计划中。课程表的样表在光盘中。建议教师根据当地的情况及学员的培训需求调整和修改课程表。

1.3 单元计划

每单元都有详细的单元计划。教师可以用它来计划和实施每单元的内容。

在每单元计划的开始都有如下信息：

- 目标：详述每单元的目的；
- 资源：本单元需要什么资源；
- 情境：本单元如何根据不同的情境或情况进行调整；
- 准备：如何为本单元做准备；
- 大纲：本单元主要内容大纲。

单元计划的其余部分被分为多个主题。对于每个主题，单元计划就如何传递主题信息给予指导。

每个单元计划最后，列出了管理者推荐的行动措施。鼓励管理者思考他们如何将每单元最后的这些措施应用到情境中。

1.4 幻灯片演示

所有的单元都准备了幻灯片演示和视频。教师应该明白只是关键点出现在幻灯片中。

1.5 每期培训结束后评估培训项目

在每期培训结束后，对培训项目进行评估是较好的做法。教师可以在培训过程中记录自己对于培训的想法。这些信息将有助于他们在培训结束后评估培训项目，包括发现优缺点。这也将有助于教师评估教程本身，以及评估未来在他们情境中技能的实施。

1.6 有效的实操培训提示

准　备	●培训开始前仔细阅读每单元的培训计划； ●确保对讲授的内容胸有成竹； ●收集培训资源并准备好培训教室。
清晰地传递信息	●清晰并从容地讲述； ●确保教室内的每位学员都能听到； ●通过提问来检查学员对授课内容的理解； ●确保每位学员都能看到白板上的书写内容； ●重复重要观点以示加强。
管理单元时间	●注意每单元允许的时间及按时间执行； ●如果需要增加时间，应在开始时就计划； ●确保在计划的日期内完成所有的单元内容。
在小组活动中促进成功	●近距离观察小组活动并在需要时提供帮助； ●确保教师在小组之间巡视并检查他们的进展。
鼓励学员积极参与整个培训	●运用单元计划中的不同培训风格和方法； ●避免讲得太多，鼓励学员表达和讨论； ●通过提问来鼓励学员自己思考答案，而不总是告诉他们答案； ●鼓励每位学员发言，而不是让某位学员主导； ●表扬学员的优秀表现并给予积极反馈； ●让学员知道他们可以随时提问； ●将培训与学员了解的真实案例联系起来； ●让培训变得快乐！
运用简短的热身活动或游戏	●运用简短的热身活动（5～10分钟）来帮助学员集中注意力。采用包括残疾学员能参与的活动。热身游戏的选择包含在培训项目工具包中。
考虑不同能力学员的需求	●考虑到某些视力、听力或移动困难学员的需求，一些活动和教学方法可能需要相应地进行调整。

2. 如何准备实施教程

2.1 了解轮椅供应体系现状

组织轮椅服务管理者培训的机构和主办方需要全面地了解所在国家或地区的轮椅供应体系。包括：

- 了解所有现有的轮椅供应体系的活动或项目；
- 了解轮椅供应体系的现有差距；
- 了解相关国家或地区与轮椅供应体系有关的法律、战略、政策和行动计划。

2.2 明确学员在轮椅服务中的角色

了解轮椅服务是否与学员所在工作区域的所有职责相适应。例如，学员将要做的仅仅是轮椅服务，或者他们同时还有其他的职责吗？

2.3 检查每期单元计划，必要时进行调整

仔细地检查每期单元计划，一些单元可能需要根据当地的情境进行调整。调整建议列在每单元计划开始的“情境”标题下。

2.4 设施准备

培训空间需要足够大，以便学员能分成小组进行活动。所有的区域，包括卫生间和午餐、茶点区域，必须是轮椅无障碍的。

以下的检查表用于评估和准备培训设施。

设施检查表：	
培训教室	
授课区域	☐
每位学员的椅子——方便学员记笔记	☐
学员分成 2～3 人一组的空间	☐
充足的光线及通风	☐
午餐或茶点区域	
洁净的就餐区域	☐
桌与椅	☐
附近的洗手场所——干净的毛巾和肥皂	☐
卫生间	
洁净的卫生间并提供水、卫生纸、洗手设施和垃圾箱	☐

2.5 资源和设备准备

资源材料

资源	数量	√	备注或说明
手册：			
《教师手册》	每位教师 1 份	☐	从 WHO 订购或印刷并装订
《学员手册和实训手册》	每位学员 1 份	☐	从 WHO 订购或印刷并装订
教师的补充资源。 **同时决定如何与学员分享相关的资料。例如，用 U 盘，通过互联网共享设备，或提供网址参考**。			
WHO《资源有限地区手动轮椅服务指南》	至少 1 本	☐	资料在光盘中
《资源有限地区行动辅具服务的联合意见书》	至少 1 本	☐	资料在光盘中

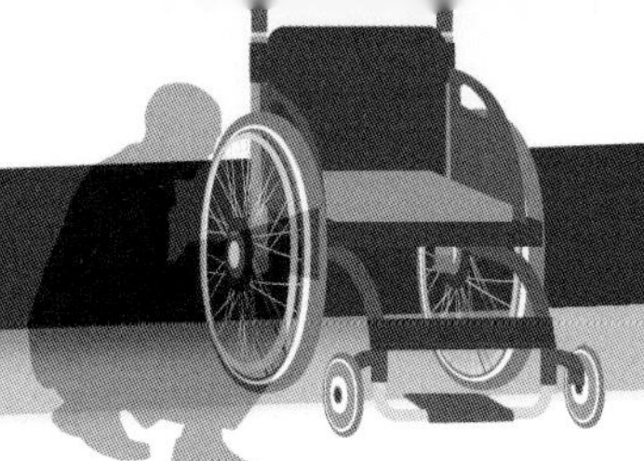

续表

资源	数量	√	备注或说明
联合国《残疾人权利公约》(CRPD)	至少 1 份	☐	资料在光盘中
《社区康复指南》中《导论篇》和《健康篇》	至少 1 份	☐	资料在光盘中
引领的管理者	每位教师 1 份	☐	资料在光盘中
无障碍设计的思考 2006	至少 1 份	☐	资料在光盘中
轮椅服务教程 LOGO	高分辨率	☐	资料在光盘中
学员考勤表	每次培训 1 份	☐	用该表记录学员的出勤情况
胸牌	每位学员和教师 1 个	☐	用轮椅服务教程 LOGO 在当地制作
课程表	每位学员 1 份	☐	样表在光盘中；可根据当地的情境进行调整
肖像同意表	每位学员 1 份	☐	为主办或培训机构修改本表
培训证书	每位学员 1 份	☐	准备学员证书或修改提供的样表
海报：			
轮椅服务初级教程：轮椅服务步骤；轮椅移动技能；压疮和如何在家保养轮椅	4	☐	从光盘中打印
轮椅服务中级教程：儿童与轮椅；不同的姿势；体位支撑装置（PSD）表和中级轮椅使用者培训检查表	4	☐	

设备

资源	数量	√	备注或说明
投影仪	1	□	
电脑	1	□	
音响	1 套	□	用于播放视频声音
麦克风	2 个以上，取决于学员数量	□	一个移动麦克风用于学员提问或小组反馈信息
大白板	1	□	
白板笔	3～4 支	□	
活动挂图架和纸	1 个架子和一摞纸	□	
活动挂图笔	3～4 支	□	
便条贴	3～4 叠	□	
胶带或类似物品	1 卷	□	用于把活动挂图和海报粘在墙上
轮椅样品	每 3 位学员 1 辆	□	当地可得到的轮椅样品，用于学员在休息时使用

鼓励管理者在休息时间使用不同的轮椅（有一位伙伴在旁边保证安全）。

3. 详细的单元计划

欢迎、介绍和概述

目标	本单元结束后，学员将： □了解本教程的目标； □熟悉教师和其他学员的姓名； □概括了解培训课程表； □熟悉许多需要记住的重要规则。	
资源	本单元： □幻灯片：导论； □每位学员的《学员手册和实训手册》； □DVD：提供轮椅服务； □每位学员1份课程表； □教师和学员的胸牌。	
情境	根据学员将工作的情境修改本单元。例如： □适合当地文化或情境的开幕式； □根据教师和学员的情况，修改或调整“介绍教师和学员”单元； □修改、调整或增加“后勤和期望”列表； □如果培训教程修改了，也需调整概述的幻灯片。	
准备	□浏览单元计划，收集资源，检查幻灯片并观看视频。 □在报到时分发课程表、《学员手册和实训手册》、胸牌。	
大纲	1. 开幕式（如果有）	10
	2. 介绍教师和学员	10
	3. 教程概述	5
	4. 培训课程表、后勤和期望	5
	总单元时间	30

1. 开幕式（10 分钟）

根据当地的文化和风俗，可以在培训之前举行一个开幕式。

2. 介绍教师和学员（10 分钟）

教师：介绍自己。简要介绍自己的背景和轮椅服务及管理经验。

让学员轮流介绍自己，包括姓名、所在单位以及他们想从培训中获得什么等。

3. 培训概述（5 分钟）

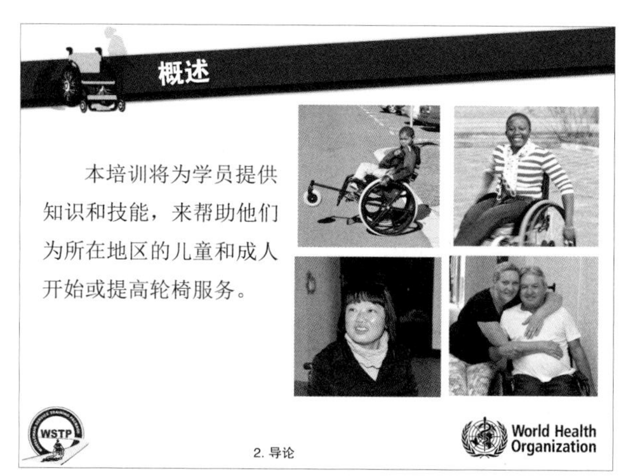

说明：本教程的目标，来自于幻灯片内容。

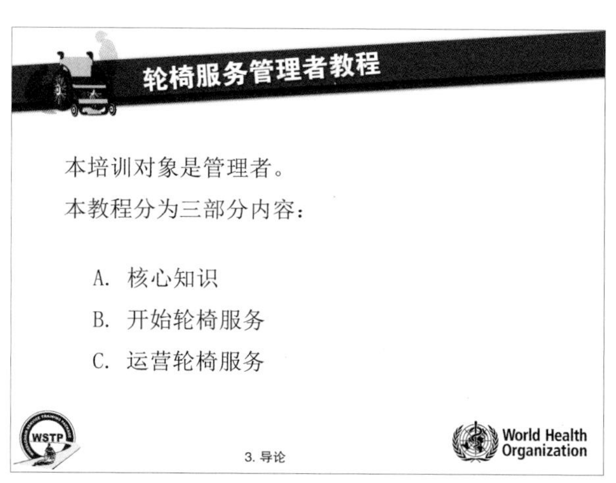

讲出幻灯片的内容，强调要点。

说明：培训建立在联合国《残疾人权利公约》的基础上，认识到残疾人与其他人享有同样的人权，在实现这些权利的过程中描述轮椅服务的职责。

介绍视频：提供轮椅服务。

本视频将介绍《轮椅服务初级教程》和《轮椅服务中级教程》中的轮椅服务8个步骤。让学员观看视频并注意每个服务步骤。播放视频。

4. 培训课程表、后勤和期望（5分钟）

让学员查看课程表。强调培训开始和结束以及休息的时间。

后勤管理：

- 卫生间的地点；
- 谁负责住宿和交通；
- 如果遇到紧急情况怎么办。

期望：

- 每堂课将准时开始；
- 培训期间关闭手机；
- 鼓励提问。

培训过程中，学员将亲自坐轮椅和推轮椅。在使用轮椅的时候，记住以下安全守则：

- 当上下轮椅的时候，不要站在脚踏板上；
- 手指不要放在轮辐和刹车上；
- 当坐轮椅上坡或下坡的时候，务必有协助者在你身后以防轮椅后翻。

A：核心知识

A.1：什么是适用的轮椅供应体系

目标	本单元结束后，学员将能够： □计算所在国家和全球的轮椅需求； □列出联合国《残疾人权利公约》的两个条款以强调适用轮椅供应体系的重要性； □定义适用轮椅供应体系； □讨论国家政策如何支持轮椅供应体系； □说明《资源有限地区手动轮椅服务指南》如何支持国家政策的发展。	
资源	本单元： □幻灯片：A.1：什么是适用的轮椅供应体系； □《学员手册和实训手册》。	
情境	本单元可根据学员将工作的情境进行修改。例如： □确认人口统计数据和其他相关的数据来计算所在国家轮椅的需求； □研究所有与轮椅供应体系有关的现有国家或地区政策。	
准备	□浏览单元计划并收集资源。 □在第3个幻灯片中输入所在国家或地区的统计数据。	
大纲	1. 介绍	4
	2. 轮椅的需求和未满足需求是什么	4
	3. 个人移动的权利	20
	4. 支持适用轮椅供应体系	20
	5. 管理者行动要点概括	2
总单元时间		**50**

1. 介绍（4 分钟）

说明：本单元我们将讨论适用轮椅供应体系，以及以使用者的个人需求为全流程中心的重要性。

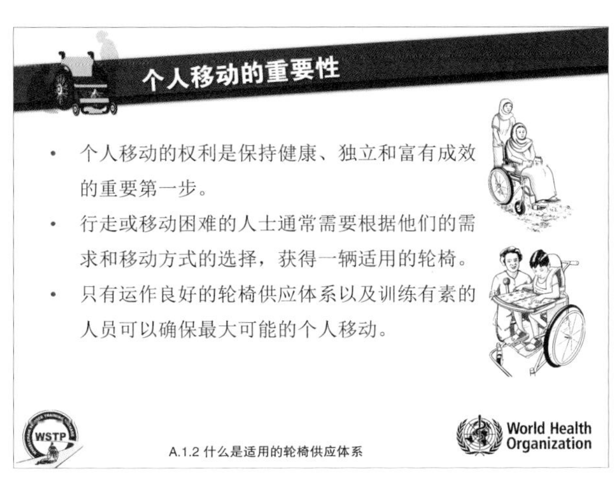

讲出幻灯片的内容，强调要点。

2. 轮椅的需求和未满足需求是什么（4 分钟）

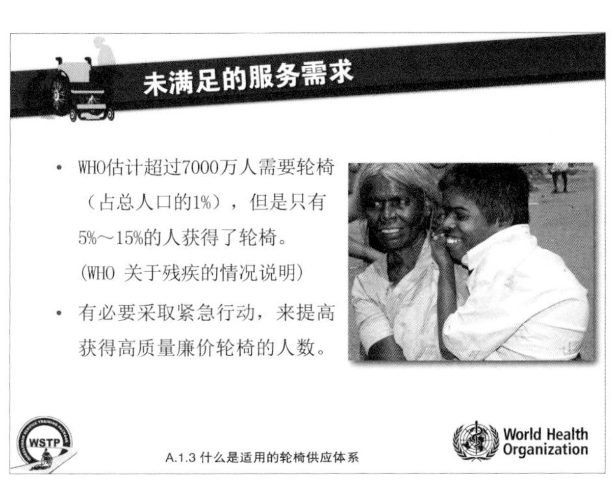

讲出幻灯片的内容，强调要点。

提问：你们知道我们国家有多少人需要轮椅吗？

感谢回答。

	人口数	需要轮椅的人数
WHO	7 000 000 000	70 000 000
输入你所在地区	输入所在地区的人口数	输入人口数×1%

说明：

- WHO 估计 1%的人口需要轮椅。
- 国家的人口是 X（输入人口调查数据，计算 1%的人口调查数据）。

3. 个人移动的权利（20 分钟）

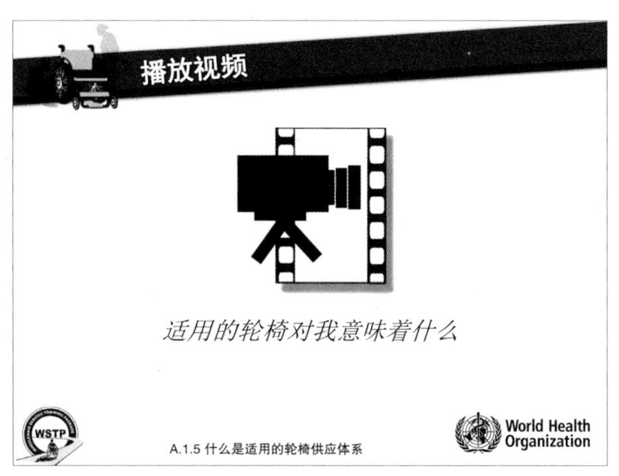

介绍视频：适用的轮椅对我意味着什么。本视频中有一位有经验的轮椅使用者弗斯蒂娜，她介绍通过轮椅服务获得一辆轮椅后给自己带来的变化。

播放视频。

提问：当弗斯蒂娜通过轮椅服务获得一辆轮椅后，有哪些变化？

最重要的答案：

- 在粗糙地面上弗斯蒂娜不再摔出轮椅了（尊严）；
- 由于她的轮椅是合适的尺寸并给予身体良好的支撑，弗斯蒂娜能够坐直了（帮助她坐直和舒适）；
- 弗斯蒂娜能够安全和独立地在粗糙道路和斜坡上推行（独立）；
- 弗斯蒂娜感到能力不那么差（自信）；
- 由于轮椅是她个人的，弗斯蒂娜自我感觉良好了（自尊）。

enable

人人共享的发展和人权

- 联合国《残疾人权利公约》(CRPD)。
- CRPD的核心在于确保每个人都认识到需要轮椅的人士有权利得到它。

A.1.6 什么是适用的轮椅供应体系

说明：我们知道许多需要轮椅的人士仍然没有适用的轮椅。然而，管理者可以用以下的文件作为重要工具来倡导需要轮椅人士的权利。

- 联合国《残疾人权利公约》(CRPD)。
- CRPD 的重点在于确保每个人都认识到这是所有人的权利，包括残疾人。

提问：我们国家签署了联合国《残疾人权利公约》吗？

教师提示：

- 签署了 CRPD 意味着政府的道德意图受到公约的约束；
- 批准 CRPD 意味着政府的道德和法律有责任来实施这个公约。

说明：联合国《残疾人权利公约》中有许多条款来强调适用轮椅供应体系的重要性和现实意义。

提问：有人知道联合国《残疾人权利公约》中的哪个条款特别提到了移动吗？

感谢回答。

讲出幻灯片的内容，强调要点。

移动是康复的一部分

CRPD 第26条：

- 适应训练和康复。
- 在适应训练和康复方面，缔约国应当促进为残疾人设计的辅助器具和技术以及对这些用具和技术的了解和使用。

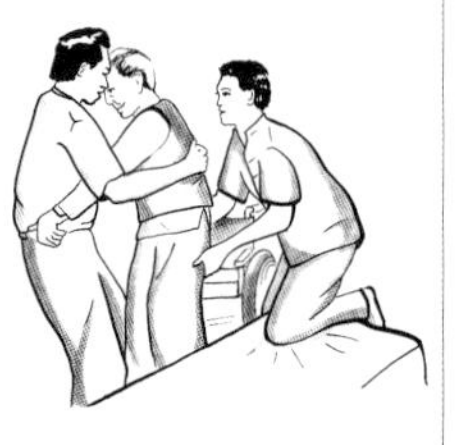

A.1.8 什么是适用的轮椅供应体系

说明：

- 第 26 条表述康复和适应训练的重要性。
- 个人移动是康复的重要内容。

教师提示：

- 康复：恢复能力以参与社会；
- 适应训练：第一次建立能力。

移动开启其他权利之门

移动通常是第一步：

第19条：独立生活和融入社区。
第24条：教育。
第25条：健康。
第27条：工作和就业。
第30条：参与文化生活、娱乐和体育活动。

A.1.9 什么是适用的轮椅供应体系

讲出幻灯片的内容，强调要点。

融合的第一步

A.1.10 什么是适用的轮椅供应体系

World Health Organization

说明：

- 个人移动通常是融合和参与的第一步；
- 当一个人通过服务获得一辆适用的轮椅时，便获得了参与社会生活、就业和教育的机会。

说明：

- 适用的轮椅可以帮助使用者开启一个新的世界：从排斥到包容，参与所有的社会活动、运动和娱乐，带来独立和健康。

说明：对于所有人是双赢的。

- 解放家庭成员参与社区和工作。
- 由于有了适用的轮椅，有更多的社会成员做贡献，以及减少对健康服务的需求，使国家的经济从中获益。

4. 支持适用轮椅供应体系（20 分钟）

说明：我们已经使用过“轮椅供应体系”这个词汇。

提问：根据《资源有限地区手动轮椅服务指南》，这个词的真正含义是什么？

感谢回答：把答案写在白板上。

最重要的答案：

- 提供满足适用轮椅定义的产品；
- 通过服务提供产品；
- 提供服务的人员接受过适当的培训；
- 受到国家层面和机构内部的政策支持。

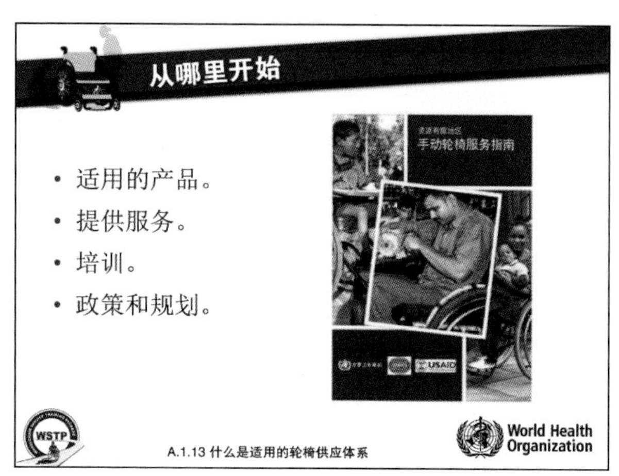

讲出《资源有限地区手动轮椅服务指南》内容的 4 个重要范围。

说明：轮椅供应体系是有效和可持续的，它必须得到政策和规划的支持。《资源有限地区手动轮椅服务指南》强调国际、地区政策和战略应该支持与体现轮椅供应体系的国家政策。最高层次的文件就是联合国《残疾人权利公约》。

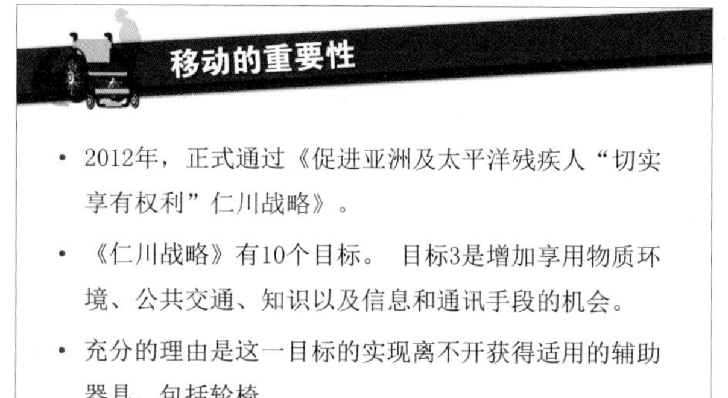

讲出幻灯片的内容，强调要点。

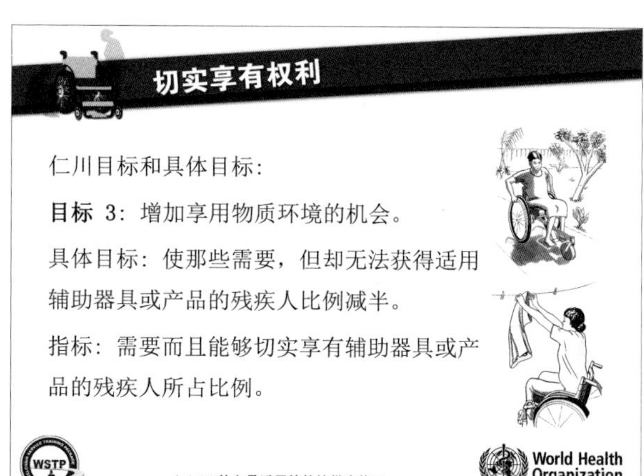

说明：

- 《仁川战略》的目标 3 是使那些需要，但却无法获得适用辅助器具或产品的残疾人比例减半。
- 报告的指标是需要而且能够切实享用辅助器具或产品的残疾人所占比例。

说明：签署了“仁川目标和具体目标”的政府现在致力于发展国家规划和项目来履行这个职责。《仁川战略》范例显示出国际和地区政策如何支持和促进国家政策的发展。

说明：国家政策也可以促进国内发展。我们将看到南非的案例。

活动	
分组	所有学员分成3组。
指导	阅读与轮椅供应体系有关的国家政策案例〔见《学员手册和实训手册》中“实训手册”部分（以下简称“实训手册”）第76～77页〕。 思考你所在的地区已经有哪些政策。 讨论以下的政策如何在你所在的地区发挥作用，以及思考这个政策如何适应你当地的政府架构。
监督	监督各组，在需要时提供帮助。
时间	预留6分钟和9分钟进行讨论。
反馈	让每组向所有学员反馈。 把答案记录在白板上。 注意所在地区是否已经有了轮椅供应体系方面的政策，谁是轮椅供应体系的主要利益相关者。 注意基于南非案例的所有改进意见。

案例：南非轮椅供应体系的政策

南非的西开普省，在开普敦一群提供轮椅服务的临床医生越来越对分割、零散的轮椅服务感到不舒服和沮丧。经过咨询省级的项目经理和当地的康复机构后，他们列出了改进和使轮椅服务标准化、专业化的计划并得到允许实施他们的计划。该计划有3方面主要的内容：

（1）分析所在省的轮椅服务情况。

（2）对轮椅服务的提供者进行培训。

（3）制定省级轮椅管理战略的指导方针。

情况分析：广泛的情况分析证实轮椅供应体系结构和流程的分散和缺乏。很少有轮椅使用者获得个性化评定、处方和适配，甚至很少人接受过正确使用轮椅的训练。通常，轮椅由没有受过轮椅服务专业培训的社工或行政人员配发给使用者。尽管大多数服务提供者指出轮椅使用的很大需求未被满足，但是他们不能确定需求的数量，因为他们不能让使用者长时间等待。很少有随访、维修和保养服务。

实施培训：通过情况分析，识别培训需求的小组开始小规模的培训项目，以弥补缺少的服务步骤。拟定省级准则，包括关键服务步骤的最低标准，以及关键管理步骤，例如培训人员、建立和管理等候人员、资金分配、提供维修和保养服务。

建立准则：省级管理者认识到在轮椅和康复服务方面推进变革的自我激励的重要性，并且帮助该小组成为省级康复项目的正式顾问小组。该小组的代表陪同省级管理者参加轮椅和辅助器具的国家会议，积极建立南非辅助器具的国家准则，该准则于 2013 年发布。

5. 管理者行动要点概括（2 分钟）

概括：影响政策和规划不是个人或组织的职责。它需要许多不同利益相关者的合作。

A.1.16什么是适用的轮椅供应体系

讲出要点。

A.2：提供轮椅服务

<table>
<tr><td>目标</td><td colspan="2">本单元结束后，学员将能够：
□讨论提供轮椅服务模型；
□说明初级轮椅服务与中级轮椅服务的区别；
□讨论管理者在轮椅服务中的职责；
□讨论轮椅使用者在组织文化中扮演的角色。</td></tr>
<tr><td>资源</td><td colspan="2">本单元：
□幻灯片：A.2：提供轮椅服务；
□《学员手册和实训手册》；
□便条贴。</td></tr>
<tr><td>情境</td><td colspan="2">本单元可根据学员将工作的情境进行修改。例如：
□研究当地的轮椅服务模式。</td></tr>
<tr><td>准备</td><td colspan="2">□浏览单元计划并收集资源。
□确保轮椅服务步骤的海报挂在学员可以清楚看到的地方。
□把白板放在幻灯投影屏幕的旁边。</td></tr>
<tr><td rowspan="6">大纲</td><td>1. 前言</td><td>2</td></tr>
<tr><td>2. 轮椅服务的层次</td><td>5</td></tr>
<tr><td>3. 轮椅服务模式</td><td>10</td></tr>
<tr><td>4. 管理者的广义职责</td><td>15</td></tr>
<tr><td>5. 轮椅使用者积极参与轮椅服务</td><td>5</td></tr>
<tr><td>6. 管理者行动要点概括</td><td>3</td></tr>
<tr><td colspan="2">总单元时间</td><td>40</td></tr>
</table>

1. 前言（2 分钟）

说明：本单元我们将讨论轮椅服务中管理者的职责。轮椅服务为评估个人的移动需求提供了一个框架：

- 协助使用者选择适用的轮椅；
- 为使用者和看护者提供培训、持续支持和转介至其他适合的服务机构。

2. 轮椅服务的层次（5 分钟）

说明：每辆适配的轮椅为使用者提供一定的体位支撑。当调整到适合使用者的尺寸时，靠背、坐垫、脚踏板和扶手提供体位支撑。然而，许多儿童和成人在他们的轮椅上还需要附加体位支撑。

介绍克莱拉：克莱拉生活在东帝汶。她在自己家的商店上班，商店在他们家房子的前面。克莱拉患有小儿麻痹症，她需要一辆轮椅进出房间，在商店工作并在村里移动。她能够不需要任何支撑坐直，并使用一辆已经调整和适配的手动轮椅。

克莱拉是一个可以通过初级服务获得轮椅的例子。

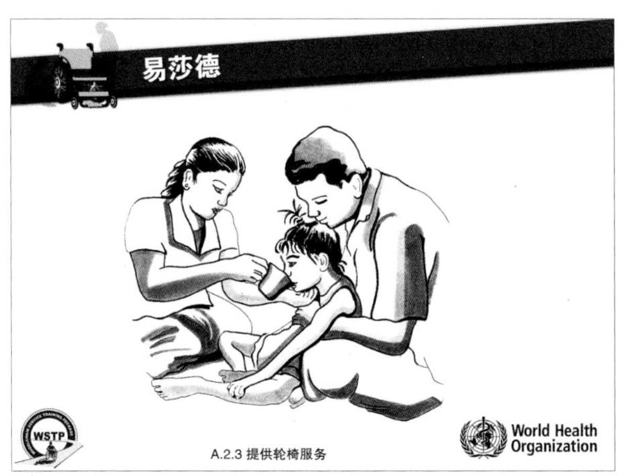

介绍易莎德：易莎德 8 岁，生活在斯里兰卡。她是脑瘫患者。对易莎德来说，这意味着她控制上肢、下肢、头颈有困难。没有支撑她不能坐直。

易莎德是在轮椅上需要附加体位支撑的一个例子。这些内容并不在《轮椅服务初级教程》中讲授。

说明：使用者的需求、提供服务和服务人员的培训需要联系起来。

说明：

- 克莱拉需要初级服务。
- 因此，服务人员需要初级培训。
- 根据谁负责 8 个服务步骤，确定接受培训的人员。

联系使用者需求和培训需求

- 为了正确地提供她所需要的附加支撑，易莎德需要具有更多知识和技能的专业人员的服务。
- 专业人员需要初级知识基础，以及附加中级培训。

WSTP　A.2.5 提供轮椅服务　World Health Organization

说明：

- 易莎德需要由有更多知识和技能的人员的服务，才能获得她需要的附加支撑。
- 确定接受培训的人员需要具备初级服务的知识基础，外加中级培训。

提问：你们机构有需要初级或中级服务的使用者吗？

鼓励回答。

教师提示：

- 无所谓答案正确或错误。有时一项服务针对特殊的需求，例如儿童服务或脊髓损伤康复。在所有区域，都是使用者需求的组合。因此，在所有区域同时需要初级和中级服务。
- 厘清成人和儿童都需要中级服务。

3. 轮椅服务模式（10 分钟）

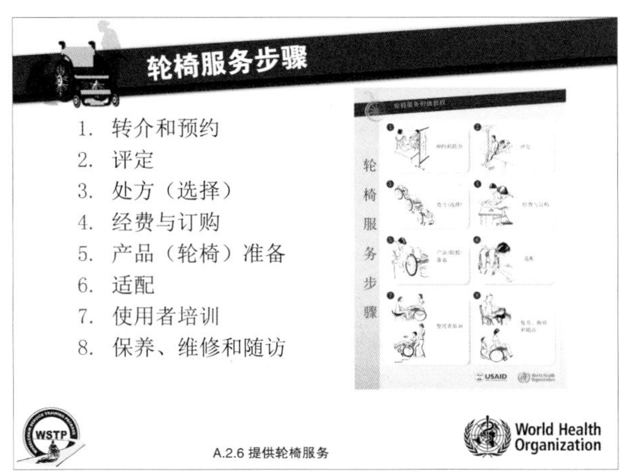

说明：所有的轮椅服务应该遵循 8 个步骤。可以采取不同的服务模式用不同的方式来实施服务步骤。

无论哪种服务模式，如果服务模式按照 8 个步骤实施，所有的使用者都将受益。

说明：我们将看到轮椅服务的不同模式。在提供的案例上可能会有所不同。我们将简要地看到机构和人员职责的一些不同。

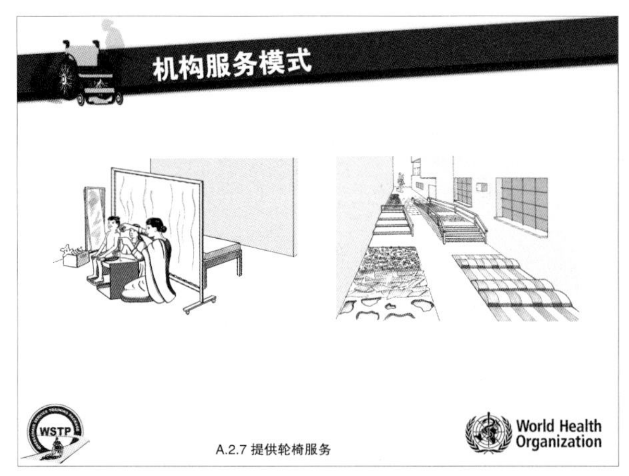

介绍机构轮椅服务模式。

说明：

- 该模式的机构有轮椅服务的专用区域，包括专用的移动技能训练区域和完整的轮椅维修和保养区域。
- 服务团队包括经过培训的轮椅服务全职专业人员。

介绍综合轮椅服务模式。

说明：

- 大多数机构为基础的服务也是“综合服务”。这意味着把轮椅服务与其他服务活动整合在一起。
- 例如把轮椅服务与假肢或矫形器服务、物理治疗部门、卫生诊所整合在一起。
- 在医院或机构内，服务人员可能有固定的轮椅服务日和其他服务日。

介绍社区轮椅服务模式。

说明：

- 该模式的机构可能是暂时的。由合作机构提供一间房或一栋楼实施家访。
- 机构服务的人员可能与合作机构一起共同承担一些服务工作。
- 小批量的轮椅可以存放在合作机构。
- 需要通过培训来增强合作机构的服务能力。
- 可能需要找到社区的维修和保养服务机构，例如焊接、木工和家具装饰。

介绍流动轮椅服务模式。

说明：

- 汽车运输组装或未组装的轮椅以及必要的工具和设备。
- 服务人员由汽车运输。
- 可能进行小范围的维修和保养服务。
- 可能使用社区的建筑物或携带他们需要的工具在社区提供轮椅服务。

说明： 不是轮椅服务的 8 个步骤都需要在同一个机构实施。机构网络之间的协作可以帮助提高服务的效率，并且有助于轮椅使用者获得完整的 8 个步骤。

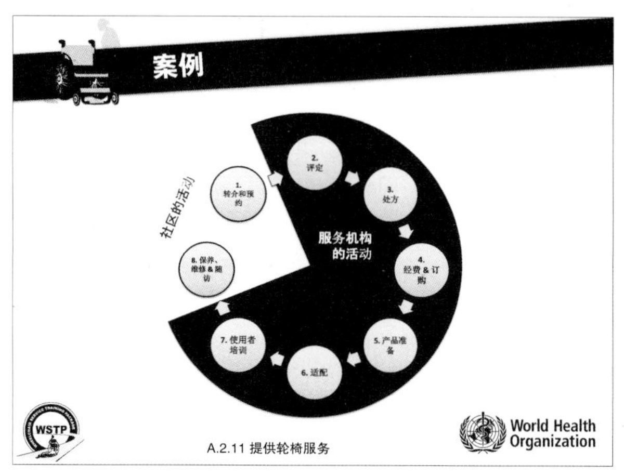

说明：

- 根据情境的不同，机构服务和社区服务的边界将会不同。
- 该模式显示在机构进行的 8 个服务步骤，通过社区合作机构实施转介和随访。

活动	
分组	学员分成两人一组。
指导	说明：在整个培训期间，我们将详细地讨论你们的服务模式。 与你的同伴讨论，轮椅服务的一些步骤是否由与你们服务相关的机构实施（例如转介、随访）。 如果一些服务步骤由合作机构实施，写在单独的便条贴上。 每个服务步骤用一张新的便条贴。
监督	监督各组并在需要时提供协助。
时间	总共允许 5 分钟。
反馈	每次列出一个服务步骤，参考轮椅服务步骤海报。 如果某个步骤由合作机构实施，让学员把便条贴粘在该步骤旁边。 最后总结，强调所有的机构在转介上都需要协作，并且随后我们将更多地讨论其他服务步骤合作的益处。

提问：确定和计划适合的服务模式，需要思考的因素是什么？

感谢回答并把答案写在白板上。

最重要的答案：
●与使用者有关的服务机构位置；
●服务的地理范围（接近轮椅使用者）；
●地理环境（海岛社区、很少道路的山区）；
●潜在合作机构的服务能力。

说明：当开发一个新的合作伙伴时，重要的是与合作机构讨论培训需求，并计划如何发展他们的知识和技能，以承担 8 个服务步骤的全部或部分。这将稍后讨论。

4. 管理者的广义职责（15 分钟）

说明：管理者负责服务的整体质量。他们也负责支持员工实施 8 个服务步骤并与使用者（他们的护理者或家庭成员）合作改进这些步骤以满足使用者的期望。

管理者也有更广义的职责，它对于支持提供服务很重要。现在我们将看到这些广义的职责。

活动		
分组	把学员分成 3 人一组。	
指导	分发便条贴。 让学员写下他们认为管理者的广义职责是什么。	
监督	鼓励学员思考对于持续地提供适用的轮椅服务，什么是重要的？	
时间	允许 3 分钟写便条贴以及 7 分钟总结广义的职责。	
反馈		所有学员一起反馈。 投影插图显示 6 个广义的职责（如《资源有限地区手动轮椅服务指南》所描述的）到白板上。 请一位主动的学员读出他们的便条贴内容。 把便条贴粘在相关的标题旁边。 注意学员提出的所有不同或增加的建议。

5. 轮椅使用者积极参与轮椅服务（5 分钟）

说明：强烈建议轮椅使用者积极参与服务的设计、实施、监督和评价。

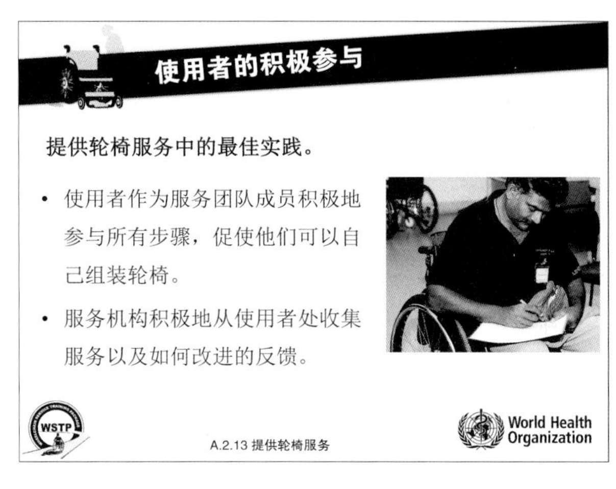

说明：

- 《资源有限地区手动轮椅服务指南》就轮椅服务的良好实践提出建议。
- 讲出幻灯片的内容，强调要点。

说明：为了积极地征求轮椅使用者的意见，轮椅使用者成为轮椅服务团队的成员是非常有益的。如果有学员是轮椅使用者，向他们询问，把轮椅使用者作为服务团队的成员感觉怎么样？

提问：你们所在的机构服务团队中有轮椅使用者吗？让轮椅使用者积极地参与轮椅服务的好处是什么？

最重要的答案：

- 在社区里为使用者树立榜样；
- 挑战更广泛社区的理念；
- 服务团队里的积极态度，与正面榜样一起工作是很有激励作用的；
- 轮椅使用者参与和融合的积极信息；
- 可以提高对轮椅使用者需求的响应能力。

说明：罗马尼亚的一个机构非常重视轮椅使用者参与服务团队，因此他们的所有服务团队中都雇用了一名轮椅使用者。

罗马尼亚的轮椅使用者团队
罗马尼亚的一个非政府轮椅服务机构招聘了一些轮椅使用者到他们的轮椅服务团队中。根据他们的技能水平，轮椅使用者在团队中发挥不同的作用。该非政府机构发现轮椅使用者作为轮椅服务人员的积极作用。作为同事在日常工作中的相互影响让每位团队成员更加认识到轮椅使用者的作用，轮椅需求者与团队中的轮椅使用者分享他们的经验通常感到更加自然，轮椅使用者是他们的模范。

6. 管理者行动要点概括（3 分钟）

管理者行动要点

与轮椅服务人员和主要利益相关者一起：

- 规划适当的服务层次和服务人员的培训。
- 规划适用的服务模式。
- 鼓励轮椅使用者作为平等的伙伴参与其中。
- 鼓励轮椅使用者更广泛地参与并承担服务团队中的角色和职责。

A.2.14 提供轮椅服务

讲出幻灯片的内容，强调要点。

A.3：领导变革的管理者

<table>
<tr><td>目标</td><td colspan="2">本单元结束后，学员将能够：
□说明在引进或改进适用轮椅供应体系中，管理者应该领导团队发挥的作用；
□通过变革过程对领导员工及整合人员和资源，提出相应对策。</td></tr>
<tr><td>资源</td><td colspan="2">本单元：
□幻灯片：A.3：领导变革的管理者；
□《学员手册和实训手册》。
有经验的学员：
□《管理者的领导力》第6章149页“领导变革促进健康”。</td></tr>
<tr><td>情境</td><td colspan="2">根据学员将工作的情境修改本单元。例如：
□如果某些学员在轮椅服务或其他服务方面，有努力引进变革的个人经验，分享这些经验是有用的。他们可能让人们参与导致良好的结果，或不让人们参与，抵制变革而导致失败。</td></tr>
<tr><td>准备</td><td colspan="2">□收集资源。
□阅读《管理者的领导力》第6章149页“领导变革促进健康”。
□检查幻灯片并浏览单元计划。
□准备带有以下标题的4张白纸：
1. 管理者可以采取的行动：建立适用轮椅供应体系的共同愿景。
2. 管理者可以采取的行动：以紧迫感传播适用轮椅供应体系的重要性。
3. 管理者可以采取的行动：整合人员和资源。
4. 管理者可以采取的行动：激励、参与和动员员工。</td></tr>
<tr><td rowspan="6">大纲</td><td>1. 领导变革过程中的管理者职责</td><td>10</td></tr>
<tr><td>2. 建立适用轮椅供应体系的共同愿景</td><td>7</td></tr>
<tr><td>3. 以紧迫感传播适用轮椅供应体系的重要性</td><td>5</td></tr>
<tr><td>4. 整合人员和资源</td><td>5</td></tr>
<tr><td>5. 激励、参与和动员员工</td><td>12</td></tr>
<tr><td>6. 管理者行动要点概括</td><td>6</td></tr>
<tr><td colspan="2">总单元时间</td><td>45</td></tr>
</table>

1. 领导变革过程中的管理者职责（10 分钟）

介绍：把本单元与前面单元联系起来。

在前面单元，我们已经讨论过在轮椅供应方面存在着巨大的未满足需求。个人移动让残疾人成为他们社区更加有创造性的成员。对于很多人来说，一辆适用、设计优良和精确适配的轮椅是迈向包容和参与社会的第一步。

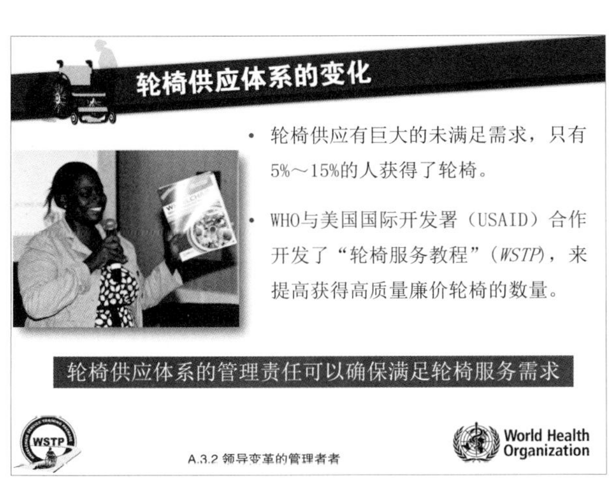

说明：

- 基于《资源有限地区手动轮椅服务指南》，为了培训合适的人力资源和提供良好的轮椅服务体系，WHO 和 USAID 开发了轮椅服务教程。

说明：整个培训教程的目的是提高认识，以及开发所有轮椅供应体系人员的技能和知识。

然而，如果没有管理人员参与建立或改进所在地区的轮椅供应体系，仅仅这些经过培训的人员不能确保所在地区适用轮椅供应体系或按照《资源有限地区轮椅服务指南》履行他们的职责。

提问：为了确保建立或改进所在地区的轮椅供应体系，你认为管理者的职责是什么？

鼓励回答并把答案写在白板上。

最重要的答案：

- 提高认识和倡导需求；
- 计划和预算轮椅的供应；
- 协调努力；
- 组织服务；
- 监督和评价轮椅的供应。

说明：引进或改进轮椅供应体系意味着组织变革。然而，组织变革可能很艰难。

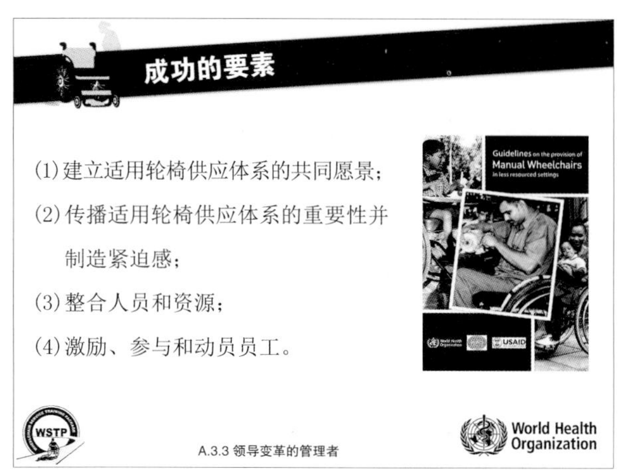

说明：人们已经进行了很多研究来增加对组织变革成功的理解。

本次培训，我们将关注管理者领导变革的4个方面：

（1）建立适用轮椅供应体系的共同愿景；

（2）传播适用轮椅供应体系的重要性并制造紧迫感；

（3）整合人员和资源；

（4）激励、参与和动员员工。

2. 建立适用轮椅供应体系的共同愿景（7分钟）

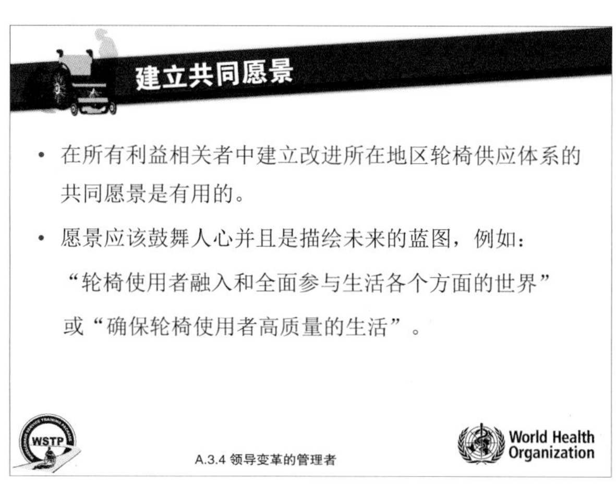

讲出幻灯片的内容，强调要点。

提问：这样的陈述有用吗？

最重要的答案：

- 提出共同目标的感受；
- 提出共同方向；
- 提出共同努力的起点；
- 激励。

教师提示：

- 作为培训的一部分不可能建立愿景或宗旨，因为不是所有的利益相关者都会出席；
- 如何建立共同愿景的建议已列在《轮椅服务利益相关者教程——教师手册》中。

重要的是充分地分享积极的愿景，这样所有的工作人员都会关心和致力于提高残疾人的生活质量。

WSTP

A.3.5 领导变革的管理者

讲出幻灯片的内容，强调要点。

前进道路会有很多阻碍，重要的是关注正面结果和持续宣传健康和快乐的轮椅使用者，让他们成为所在社区的积极成员。

A.3.6 领导变革的管理者

讲出幻灯片的内容，强调要点。

3. 以紧迫感传播适用轮椅供应体系的重要性（5 分钟）

提问：你认为应如何传播适用轮椅供应体系的重要性？

最重要的答案：
● 谈谈所在地区未满足的需求； ● 谈论轮椅的全球需求； ● 谈论个人移动的权利； ● 谈论什么使轮椅适用以及服务的需求； ● 分享成功的正面故事； ● 分享适用轮椅供应体系对个人、社区和社会的好处。

说明：紧迫感意味着需求不能被忽略或耽误。人们遵照他们主管的优先事项安排行动，因此管理者的行动必须建立紧迫感。

员工遵循管理者的优先事项

- 管理者会传递愿景和紧迫感来推行或改善服务吗？
- 管理者会随时谈到轮椅服务的重要性吗？
- 管理者投入多少时间在改进轮椅服务供应体系上？
- 有多少经费预算？
- 对于如何实施达成一致的行动，需要进行跟踪吗？

A.3.7 领导变革的管理者

提问：你认为如何能够为改进轮椅供应体系树立紧迫感？

缓慢地读出幻灯片上的问题，让学员思考答案。

4. 整合人员和资源（5 分钟）

说明：轮椅服务需要受过培训的人员、设施和资源。

讲出幻灯片的内容，强调要点。

提问：针对轮椅供应体系，管理者能做什么来整合人员和资源？

鼓励回答并把答案写在白板上。

最重要的答案：

- 确定可以用于轮椅供应体系的设施；
- 当分配资源时优先保证轮椅供应体系；
- 用愿景和组织价值来提醒人员，你为什么要提供轮椅服务；
- 奖励和认可轮椅服务的良好表现；
- 促进团队合作。

教师提示：

- 学员可能花大量的时间来讨论经费，不要让这种情况发生；
- 承认经费是重要的内容，经费稍后会讨论；
- 让学员重点关注其他一些事情，管理者可以用它们来整合人员和资源。

5. 激励、参与和动员员工（12 分钟）

提问：管理者能做什么来激励和动员他们的员工？

鼓励回答并与以下幻灯片联系起来。

承认：正如你注意到的，如果员工被接纳以及他们的意见被考虑，他们更容易参与和被激励。你可以采取 4 个主要措施来激励他们：

（1）让员工参与计划和实施；

（2）一起克服障碍；

（3）创造和赞赏短期成果；

（4）使变革根植于组织系统和文化中。

说明：

如果员工不理解，他们更容易抵制变革：

- 变革涉及哪些内容；
- 它为什么重要；
- 变革对他们和他们的工作意味着什么。

提问：管理者如何使员工参与规划和实施？

感谢回答。

说明：员工通常具备经验和技能，使他们的努力有价值。

- 员工都要参与建立服务愿景，以及参与如何实施轮椅服务的规划，这样他们才更可能有精力和热情去支持实施服务。
- 当员工参与规划改进服务，他们理解重要性，他们了解将有哪些变化，以及他们明白在实施服务的过程中自己的职责是什么。
- 在这些规划过程中让使用者参与会带来附加价值。

提问：管理者如何与他们的团队一起克服障碍？

感谢回答。

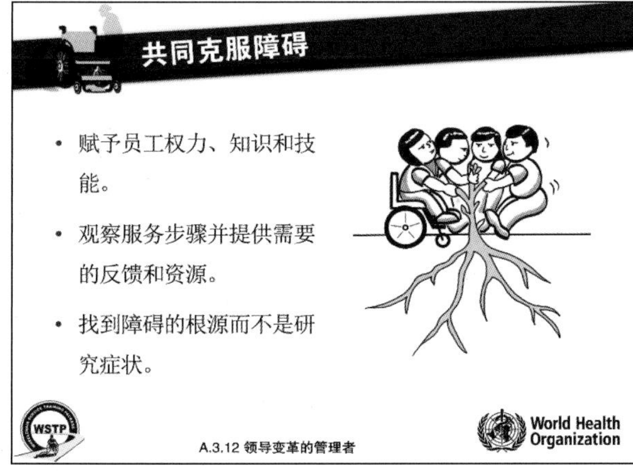

说明：员工需要感到获得管理者的支持。

- 为了应对挑战，员工需要被赋予权力、知识和技能来开展他们的新活动。
- 观察服务步骤并提供需要的反馈和需要的资源。
- 找到障碍的根源以获得成功，而不是研究症状。

提问：管理者如何实现短期成功？

讲出幻灯片的内容并为每个要点举例。

- 找到短期内可以实现的可衡量直接成果：例如月底之前找到 4 个新的转介来源。
- 以有意义的方式向客户、供应商和捐助者讲述成功故事：例如分享使用者获得适用轮椅而参与社区或重返工作岗位的故事。
- 感谢并奖励好的结果。例如给予具体和公开的认可，因此员工可以看到短期的正面成果，感到管理者对他们努力的认可并会继续参与轮椅服务。

提问：管理者如何让变革根植于组织系统和文化中？

讲出幻灯片的内容并为每个要点举例。

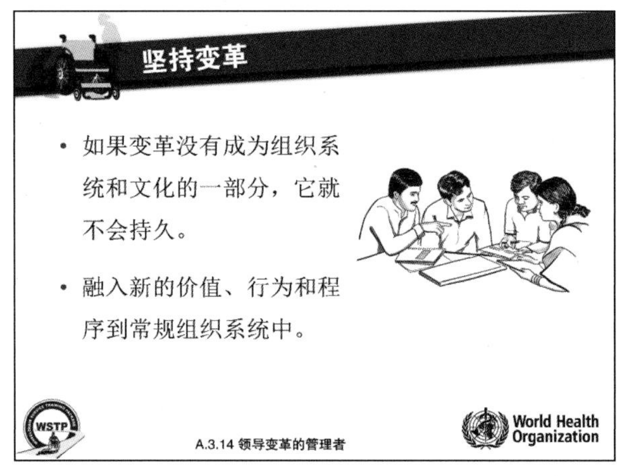

说明：

- 如果变革没有成为组织系统和文化的一部分，它就不会长久。例如，建立庆祝成功的文化，以及在会议期间和间隙鼓励员工分享成功和正面的故事。
- 整合新的价值、行为和流程到常规的组织系统中。例如，把成功的变革作为新的职责写入个人工作描述中，并更新组织政策。

6. 管理者行动要点概括（6 分钟）

读出管理者行动要点并阅读“实训手册”。

把有 4 个标题的 4 张白板纸挂起来：

（1） 建立共同愿景。

（2） 以紧迫感传播适用轮椅供应体系的重要性。

（3） 整合利益相关者和资源。

（4） 激励、参与和动员利益相关者。

说明：这 4 个“变革理念”将会贯穿整个培训。在空白处记录管理者和利益相关者可以采取的共同行动，用这些共同行动来改进所在地区的适用轮椅供应体系。

活动	
分组	不用分组。
指导	鼓励学员把他们的所有想法写在便条贴上。 说明：我们将在培训结束时评述这些建议。 学员可参阅他们的“实训手册”。 说明：他们可以记录个人行动来引进或改进自己服务机构的适用轮椅供应体系。 让学员分享他们计划记录个人行动的两个例子。 说明：你将有机会在每单元结束时记录自己的行动。
监督	鼓励学员写下他们的任何想法。
时间	总共允许 5 分钟。
反馈	让一位学员来厘清墙上记录的建议与“实训手册”上的不同。 确认白板纸上的是不同组织和利益相关者之间的共同行动，以及确认“实训手册”上的内容是他们在自己服务机构有关适用轮椅供应体系的个人行动。

B：开始轮椅服务

B.1：获得服务

目标	本单元结束后，学员将能够： □说明什么是“公平的服务”； □描述管理者可以用来开发转介网络的至少3个措施； □列出比普通人更难获得轮椅服务的人群； □列出轮椅管理者可以用来提高所有轮椅使用者获得轮椅服务的措施。	
资源	本单元： □幻灯片：B.1：获得服务； □《学员手册和实训手册》； □《轮椅服务管理者教程——附加资源手册》。	
情境	本单元可根据学员将工作的情境进行修改。例如： □发现学员所在地区或区域有效转介制度的正面案例，用它来替换单元计划中的案例； □发现不同人群获得服务的障碍，包括当地情境下的轮椅服务。例如，查阅当地的相关数据；阅读相关的文章；与负责服务的人交谈；与残疾人组织沟通；与社区人员沟通。	
准备	□浏览单元计划并收集资源。	
大纲	1. 前言	2
	2. 什么是公平的服务	5
	3. 转介和预约	15
	4. 管理者可以怎样做来确保他们的服务是公平的	20
	5. 管理者行动要点概括	3
总单元时间		45

1. 前言（2 分钟）

说明：本单元，我们将讨论管理者在建立转介系统中的职责。它包括建立转介网络，创建转介和预约制度，确保服务是公平的。

2. 什么是公平的服务（5 分钟）

说明："公平的服务"是指确保每位轮椅使用者有相同的机会获得轮椅。

它包括：

- 成年人、儿童；
- 年轻人、中年人和老年人；
- 居住较近和较远的人，例如农村地区；
- 不同民族或不同经济社会背景的人。

提问：学员所在地区哪些人群获得康复服务会比较困难？

提醒学员获得服务并不仅仅意味着"到达服务机构"，它意味着能够了解服务，获得服务或服务来到他们身边。

鼓励回答并把答案写在白板上。

最重要的答案：

- 妇女和女孩；
- 居住地离服务机构较远或生活在农村地区的人们；
- 贫困人群；
- 儿童；
- 不同民族或社会经济背景的人们；
- 老年人；
- 特定人群，例如患艾滋病或麻风病的人会受到歧视。

- 公平的服务认为所有人享有相同的服务权利。
- 公平的服务不是指为不同人群的使用者提供相同数量的轮椅。
- 公平的服务是确保那些需要轮椅的人与其他人同样获得服务。

B.1.3 获得服务

- 公平的服务是指所有的人，不论他们的残疾、年龄、性别、信仰、财富或民族状况，都有相同的机会获得服务。
- 公平的服务不是指为不同人群（例如男人和女人）的使用者提供同样数量的轮椅。这是因为不同人群的需求会不同。
- 公平的服务是确保那些需要轮椅的人与其他人一样获得服务。

3. 转介和预约（15 分钟）

说明：转介和预约是轮椅服务的第一步。

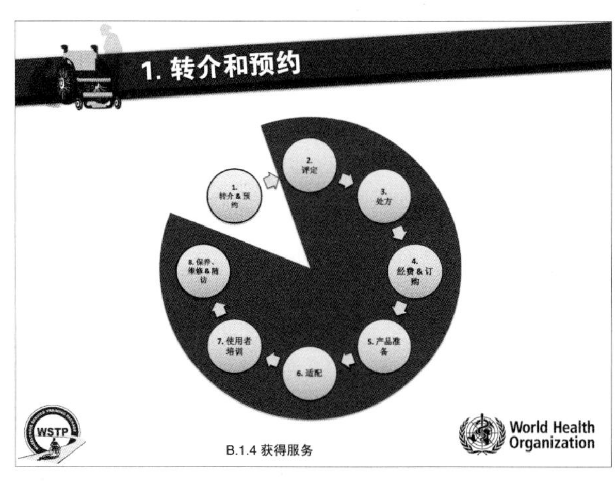

在轮椅服务图表上强调这个步骤。

说明：

- 有效转介需要轮椅服务和社区之间的良好衔接，因为社区的人员能发现和转介轮椅使用者到你的服务机构。

提问：哪些个人和机构最可能发现轮椅使用者，并转介他们到你的轮椅服务机构？

鼓励回答并把答案写在白板上“转介网络”的标题下。

最重要的答案：
●当地医院； ●社区卫生中心； ●社区康复（CBR）网络； ●地方政府的领导人； ●残疾人组织； ●其他轮椅使用者； ●医生、护士、康复专业人员、社工。

说明：管理者找到他们所在区域的转介资源非常重要。

活动	
分组	把学员分成两组。
指导	每组分配“实训手册”B.1：获得服务工作表上的一个问题。
监督	监督各组并在需要时提供协助。
时间	总共允许10分钟。
反馈	让每组进行反馈。 在白板上记录答案。

问题	可能的答案
问题 1：建立转介网络 作为一名管理者，你可以采取哪些措施来建立个人和机构的网络，以便发现和转介轮椅使用者到你的轮椅服务机构？	●找到你所在区域的转介来源（个人和机构）； ●与轮椅服务人员讨论，转介来源需要哪些信息才能发现轮椅使用者，以及如何转介他们至轮椅服务机构； ●准备或让专业人员准备转介来源需要信息的传单或小册子； ●拜访或让专业人员拜访潜在的转介个人或机构以讨论轮椅服务； ●在轮椅服务机构为轮椅使用者和转介来源组织一次开放日； ●为转介来源开展转介网络培训。
问题 2：转介表格 翻阅《轮椅服务管理者教程——附加资源手册》上的转介样表。 该转介表或该表的修改版本对你的机构有用吗？ 如果没有用，为什么没用？ 如果有用，作为机构的管理者，你可以怎样做来引进转介表？ （注意，如果你的机构已经使用了转介系统，作为管理者，你可以怎样做来引进或支持转介表）	如果没有用，服务机构在引进转介表的过程中可能面临一些问题，包括： ●转介来源需要培训才能完成该表； ●甚至经过培训，转介来源也不会填写转介表； ●不是所有的转介来源都有时间填写该表； ●转介来源不能够邮寄或派送转介表； ●已经有了转介系统，它并没有包含具体的轮椅转介。 如果有用，管理者可以采取措施来引入转介表，包括： ●确保转介表是简洁的，有他们服务所需最基本的转介信息； ●所有培训包含对转介表的介绍或向所有的转介来源介绍轮椅服务； ●向所有可能的转介来源提供转介表； ●当收到转介表时，向转介来源提供积极的反馈； ●确保转介来源收到轮椅使用者预约的结果，这样转介来源知道系统是有用的。

4. 管理者可以怎样做来确保他们的服务是公平的（20 分钟）

说明：我们已经发现获得轮椅服务困难的人群。当建立转介网络时，重要的是把这些人群记在心上。以下活动将帮助管理者思考一些方法，用这些方法确保建立转介网络的所有措施，包括对获得轮椅服务最困难的人群的措施。

<table>
<tr><th colspan="2">活动</th></tr>
<tr><td>分组</td><td>把学员分成 4 组。</td></tr>
<tr><td>指导</td><td>每组分配以下一个人群：
●妇女和女孩。
●生活在农村的人和贫困的人。
●儿童和老年人。
●不同民族或社会经济背景的人。
让每组：
●写下管理者可以采取的措施，以便让他们分配的人群更容易获得轮椅服务；
●鼓励各组思考已经在本单元讨论过的建立转介网络的观点；
●强调他们列出的措施应该在现有条件下符合实际和切实可行。</td></tr>
<tr><td>监督</td><td>监督各组，并在需要时给予协助。</td></tr>
<tr><td>时间</td><td>允许 10 分钟活动和 10 分钟反馈。</td></tr>
<tr><td>反馈</td><td>让每组向所有学员反馈他们的观点。
在白板上记录答案。</td></tr>
</table>

管理者可以采取措施来增加轮椅服务的获得性举例（学员可以找到其他措施）
妇女和女孩：
●确保服务的信息可以从不同的渠道获得，例如电台、简易文字手册或海报、视频。 ●确保女性同男性一样，也能出现在服务宣传图片中。 ●找到女性轮椅使用者的榜样，她可以公开地在社区宣讲轮椅对妇女的重要性。 ●向社区管理者宣讲轮椅对妇女、儿童和对男性同样重要。 ●支持和鼓励妇女参与各层次的轮椅服务，包括管理和领导职务。 ●向残疾人组织提供轮椅服务的信息，并强调妇女和男性都需要轮椅来移动。 ●当谈论轮椅服务时，应该说男性、妇女和儿童的服务，而不仅仅说“人们”。
儿童：
●确保服务的信息发布在残疾儿童父母可以看到的地方，例如社区卫生诊所、康复服务机构、集市、社区中心、教堂、清真寺和寺庙。 ●当谈论轮椅服务时，应该说为男性、妇女和儿童服务，而不仅仅说“人们”。 ●为那些治疗残疾儿童的人员提供服务的信息，例如医生、护士、社区卫生工作者。 ●保证在宣传中，跟成年人一样，儿童的形象也要有所体现。 ●无论何时在谈论服务时，都要说明为幼儿提供轮椅的好处，也要说明提供轮椅为家人或儿童看护者带来的好处。
贫困人群：
●确保服务尽可能做到节约成本。 ●确定为轮椅使用者提供经济支持的方法，这些轮椅使用者无法为轮椅服务支付运输费用，或无法支付轮椅费用（如果有收费），例如设立轮椅基金。
老年人：
●当谈论轮椅服务时，应该说为所有人服务，包括老年人。 ●进行轮椅服务公共宣传时也要包括老人的图片。 ●当谈论轮椅服务时，说明轮椅对老人及其家人的好处。

续表

居住地离服务机构较远的人们或生活在农村的人们：
●确保服务信息发布在农村地区人们可以看得到的地方，例如乡村卫生诊所、集市、社区中心、教堂、清真寺和寺庙。 ●为农村地区工作的人员提供服务信息，例如社区康复工作者。 ●如果机构不能提供社区服务，找到方法协助农村的轮椅使用者解决交通问题。例如提供交通补贴、与可以帮助提供交通服务的其他机构合作。 ●了解是否可能为农村地区的轮椅使用者提供食宿。 ●为农村地区提供社区服务。 ●培训农村地区的工作人员（例如社区卫生工作者）如何在社区支持轮椅使用者，如何进行随访，如何进行简单的轮椅保养和维修服务。 ●确保可得到在农村地区粗糙地面使用的轮椅，并提供如何进行简易改制（例如斜坡或光滑路面）的信息使其更容易在农村地区使用轮椅。
不同民族和社会经济背景的人：
●当谈论轮椅服务时，应该说服务是为所有人，不论民族或社会经济背景。 ●在服务机构当地进行轮椅服务公共宣传时，也应包括不同民族和信仰人员的图片。 ●如果可能，服务机构可雇用不同民族和信仰的员工。

5. 管理者行动要点概括（3 分钟）

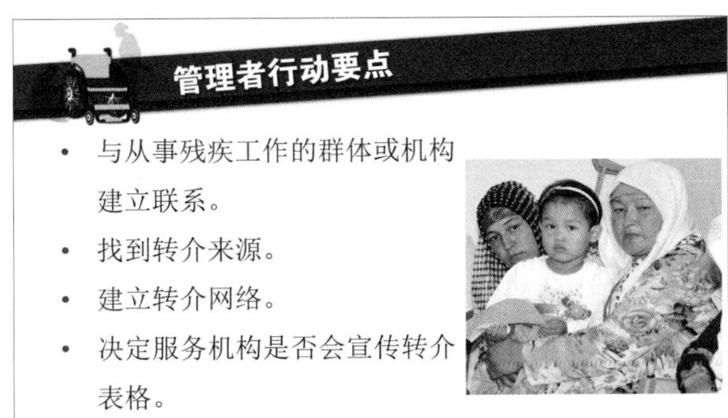

讲出管理者行动要点。

与轮椅服务员工和主要利益相关者一起：

- 确定转介来源。
- 建立转介网络。
- 决定服务机构是否宣传转介表。
- 积极工作以确保轮椅服务是公平的。

让学员翻阅他们的“实训手册”并记录促进机构变革的行动措施。如果他们已经有了一个完善的转介网络，则不需要关注本措施。

B.2：设施和设备

<table>
<tr><td>目标</td><td colspan="2">本单元结束后，学员将能够：
□确定适合他们情境的服务模式；
□确定初级和中级服务需要的设施；
□确定初级和中级服务需要的设备、表格和检查表；
□描述工作场所布置的 4 种系统和流程。</td></tr>
<tr><td>资源</td><td colspan="2">本单元：
□幻灯片：B.2：设施和设备；
□《学员手册和实训手册》；
□《轮椅服务管理者教程——附加资源手册》；
□《轮椅服务管理者教程——附加资源手册》里的无障碍设计思考；
□轮椅样品。</td></tr>
<tr><td>情境</td><td colspan="2">本单元可根据学员将工作的情境进行修改。例如：
□了解正在实施的哪些服务模式是有用的，如果可能，在培训之前拜访服务机构。
□设施是做事的场所。几位专家可以在一个场所工作。工作区是员工使用工具的地方。初级及中级轮椅服务和假肢矫形工作会要求有一些技术设备。</td></tr>
<tr><td>准备</td><td colspan="2">□浏览单元计划并收集资源。
□与服务机构（如果与培训场所在同一个地方）讨论是否允许穿过服务设施？说明活动的目的。检查哪些设施可用以及谁负责每个服务步骤的准备活动（转介——转介在哪里进行；注册和等候区；评定区；卫生间；仓库；产品准备区；适配区；使用者培训区；移动技能训练或健康培训；轮椅操作；保养和维修。）</td></tr>
<tr><td rowspan="5">大纲</td><td>1. 前言</td><td>2</td></tr>
<tr><td>2. 设施和服务流程</td><td>23</td></tr>
<tr><td>3. 设备、表格和检查表</td><td>10</td></tr>
<tr><td>4. 设施的组织</td><td>15</td></tr>
<tr><td>5. 管理者行动要点概括</td><td>5</td></tr>
<tr><td colspan="2">总单元时间</td><td>55</td></tr>
</table>

1. 前言（2 分钟）

说明：本单元，我们将学习管理者在确定设施和必要设备中的职责，以便开展适用轮椅服务的 8 个步骤。当从初级到中级轮椅服务时，所需要的设施和设备会增加。

2. 设施和服务流程（23 分钟）

说明：轮椅服务可以在很多不同的地方进行。

讲出幻灯片的内容，强调要点。

活动	
分组	不分组，参考《学员手册和实训手册》。
指导	思考你已经有了多少设施。提醒学员在小型服务机构，不要期望每个设备占用一个独立的房间。然而，必须考虑每个设施是否需要。如果一些设施没有，思考你是否可以创造。例如： ● 建议的设施已经有了多少？ ● 建议的设施是否可以整合在现有的服务中？ ● 其他用途的房间是否可以调整？ ● 现有的房间是否可以重新调整或改建？
监督	监督各组，在需要时提供协助。

续表

活动	
时间	总共允许 10 分钟。
反馈	提问是否有人已经有了全部的设施？ 提问是否有人想到了解决办法，整合到现有的设施中并在里面建立一个新的工作区？ 提问是否有人想到了解决办法，改变现有房间或建筑的用途？ 提问是否有人想到了解决办法，重新调整或改建现有的建筑或房间？

说明：我们已经讨论了初级和中级轮椅服务需要的设施。

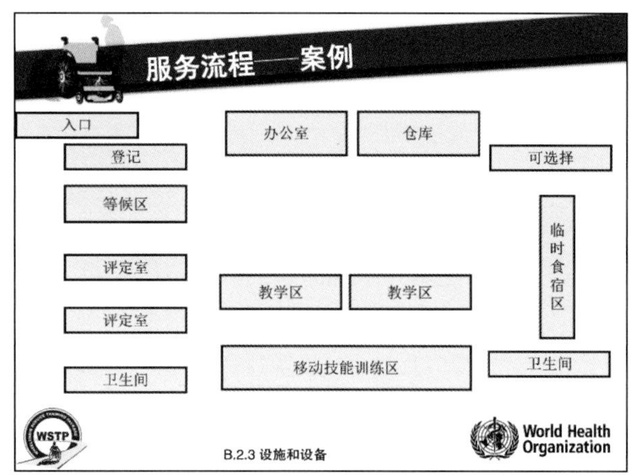

说明：

- 现在我们将思考服务的流程，该流程与以下事项相关：团队如何在一起工作，以及从轮椅使用者到达服务机构直到他们离开的全过程。

活动	
分组	不分组或如果两个组会更加合适。 让两位学员使用一辆轮椅，以及另外两位学员视他们的同伴在必要的时候协助他们。 说明：在服务机构使用轮椅时，有助于思考轮椅无障碍。
指导	按照以下顺序穿过设施： • 转介——转介接收的地方 • 注册和等候区 • 评定区 • 卫生间 • 仓库 • 产品准备区 • 适配区 • 使用者培训区 • 移动技能训练区
监督	一起穿过服务中心。
时间	允许 10 分钟活动以及最后 2 分钟讨论概括。
反馈	如果发现有服务流程的问题和可能的解决办法，进行总结。

3. 设备、表格和检查表（10 分钟）

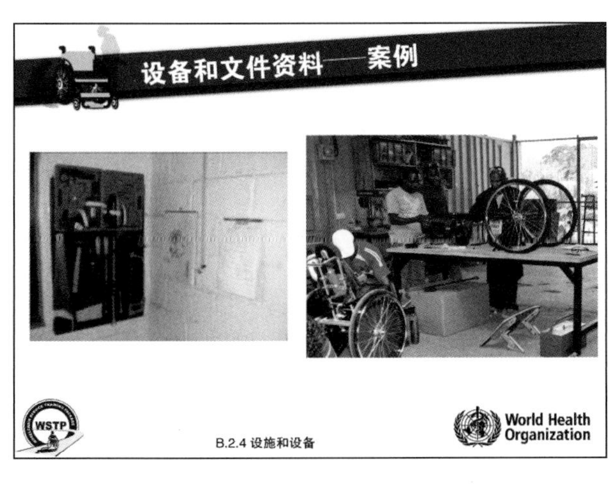

说明：

- 设备、表格和服务检查表已经在《学员手册和实训手册》中“学员手册”部分（以下简称“学员手册”）里了。
- 管理者的职责是整合人员和资源，因此个别人员要负责确保必要的设备和文件准备好。
- 这可能意味着调整设备使其便于运输以及适合不同的环境。

活动	
分组	不分组。来自于同一个机构的学员可以在一起工作。
指导	检查"学员手册"上的设施和设备信息，以及检查《轮椅服务管理者教程——附加资源手册》上的表格和检查表。 ●哪些设备已经有了并且已在你的服务机构使用？注意可以制作或购买的任何设备。 ●哪些表格和检查表已经整合并在使用？注意可以整合进日常使用的任何表格或检查表。
监督	监督各组并在需要时给予协助。
时间	允许5分钟活动以及4分钟反馈。
反馈	询问有没有任何问题。

教师提示：
●在社区可以找到当地的木工、焊接工、家具装饰技工，他们具备必要的设备。

4. 设施的组织（15分钟）

说明： 我们已经看到开展服务所需要的设施和设备。管理者的最后步骤是分配每个设施的管理职责以确保都组织好。组织良好的设施会促进专业和有效的服务。组织较差的设施会导致不专业和服务较差的印象。

说明： 以下的4个步骤需要应用到所有服务模式的每个设施中。

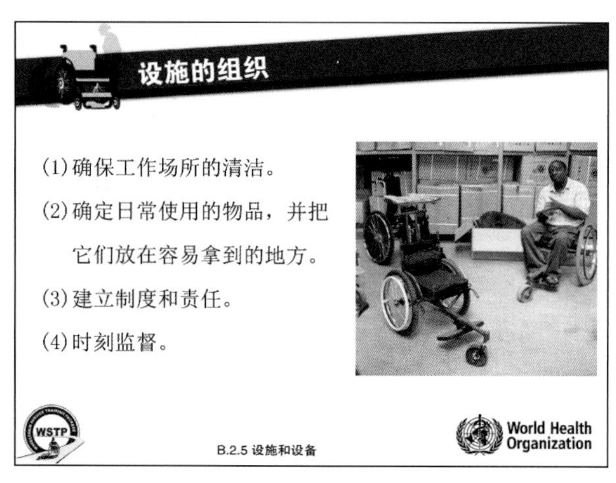

说明：

(1) 清除杂物：清除所有不必要的工具、零件、设备、过期的文件。

(2) 确定日常使用的物品：工具、零件、说明书和文件。日常使用的东西应该放好，这样容易快速地找到。

(3) 制度和职责：每个工作区有一个制度，有人负责执行该制度。

(4) 监督：确保制度调整固定下来。

活动	
分组	把学员分成4组。
指导	让每组翻阅"学员手册"(80页)上的两个组织较差的设施。 让各组参考他们的"学员手册"并对设施、设备和工作场所提出建议。
监督	监督各组并在需要时给予协助。
时间	允许6分钟检查工作场所以及4分钟反馈。
反馈	让一组来对第一个设施进行反馈。 把答案写在白板上。 第二个设施重复进行。

改进机构设施和设备建议的例子(学员可以提出其他建议)
技术设施和设备:
● 发现技术区(产品准备、改制)的职责; ● 清理所有不必要的工具、零件和设备; ● 存放设备的架子; ● 用于摆放日常物品的架子或工具台应靠近工作台; ● 工作台面应干净; ● 与员工商讨,确认制度和分配执行的职责。
社区临床和技术设施:
● 桌子用于摆放工具和设备; ● 便携式工作台; ● 工具箱中的工具; ● 薄板或屏风用于为评定建立一个私密区域; ● 评定坐面和足垫块。

5. 管理者行动要点概括（5 分钟）

- 为服务模式找到设施和设备。
- 把文件和检查表整合进服务步骤中。
- 组织设施。
- 为每个设施建立制度和流程并分配职责。

B.2.6 设施和设备

讲出管理者行动要点。

与轮椅服务员工和主要利益相关者一起：

- 为服务模式找到适合的设施和设备；
- 把文件和检查表整合进服务步骤中；
- 组织设施；
- 为每个设施建立制度和流程并分配职责。

让学员参考他们的“实训手册”，并把他们对组织设施和设备的措施记录下来。

B. 3：适用轮椅的范围

<table>
<tr><td>目标</td><td colspan="2">本单元结束后，学员将能够：
□定义适用轮椅和坐垫；
□说明适配和体位支撑的重要性；
□当选择适用轮椅时，说明使用者需求和环境的重要性；
□讨论影响产品安全和耐用性的 3 个因素；
□讨论并思考轮椅服务如何启动。</td></tr>
<tr><td>资源</td><td colspan="2">本单元：
□幻灯片：B. 3：适用轮椅的范围；
□《学员手册和实训手册》；
□视频：附加支撑的好处——查理；
□视频：适用轮椅的好处；
□视频：满足轮椅使用者的需求——马克和瑞恩；
□减压坐垫样品；
□《资源有限地区行动辅具服务联合意见书》。</td></tr>
<tr><td>情境</td><td colspan="2">本单元可根据学员将工作的情境进行修改。例如：
□思考当地可得到的轮椅范围，如果可能提供一些样品。</td></tr>
<tr><td>准备</td><td colspan="2">□浏览单元计划并收集资源。
□阅读《轮椅服务初级教程》关于适用轮椅的参考资料和《轮椅服务中级教程》关于儿童的参考资料。
□阅读《资源有限地区行动辅具服务联合意见书》第 7 章。</td></tr>
<tr><td rowspan="7">大纲</td><td>1. 前言</td><td>2</td></tr>
<tr><td>2. 什么是适用的轮椅和坐垫</td><td>8</td></tr>
<tr><td>3. 提供适配和体位支撑</td><td>10</td></tr>
<tr><td>4. 满足使用者的需求和环境</td><td>10</td></tr>
<tr><td>5. 安全和耐用产品的重要性</td><td>20</td></tr>
<tr><td>6. 轮椅产品范围</td><td>25</td></tr>
<tr><td>7. 管理者行动要点概括</td><td>5</td></tr>
<tr><td colspan="2">总单元时间</td><td>80</td></tr>
</table>

1. 前言（2 分钟）

说明：本单元，我们将在与各种利益相关者合作的过程中，讨论管理者的职责以确定产品的最小范围，来帮助儿童和成人获得服务。

2. 什么是适用的轮椅和坐垫（8 分钟）

说明：《资源有限地区手动轮椅服务指南》定义了适用的轮椅。

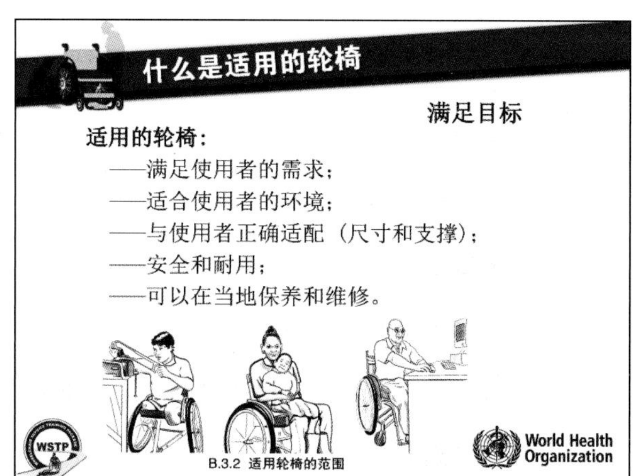

讲出幻灯片的内容，强调要点。

说明：每位轮椅使用者都需要坐垫。

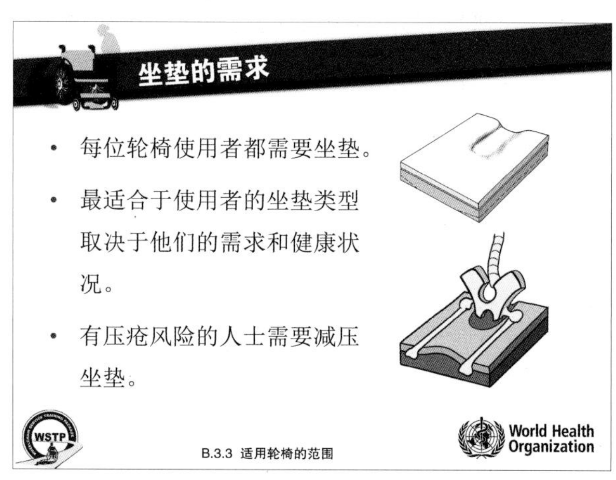

说明：最适合于使用者的坐垫类型将取决于他们的需求和健康状况。由于这个原因，轮椅服务机构至少需要有一定规格的坐垫。

总结：服务机构应该能够提供减压坐垫。

提问：我们强调减压坐垫的重要性，是因为我们知道压疮可以导致死亡，因此预防压疮非常重要。有人能够想到具体的某类轮椅使用者可能需要减压坐垫吗？

最重要的答案：

- 脊髓损伤者；
- 曾经患过压疮者；
- 老人或虚弱者；
- 移动和改变姿势困难者。

传递至少一个减压坐垫样品。

坐垫的需求

- 发达国家受伤年龄在25～34岁之间的人，平均寿命是受伤后大约38年。
- 然而，来自于发展中国家的数据显示脊髓损伤后人们的平均寿命是5.36年，56.4%的人在受伤5年内死亡。

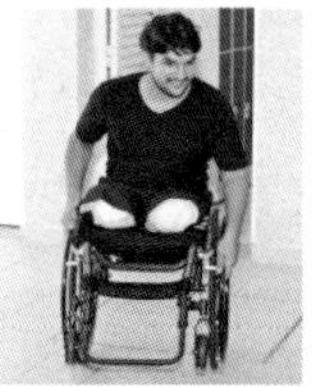

B.3.4 适用轮椅的范围

说明：

- 没有使用合适的坐垫和没有教使用者如何使用坐垫是要付出代价的。
- 发达国家受伤年龄在25～34岁之间的人，平均寿命是受伤后大约38年[6]。
- 相比之下，一项在孟加拉国进行的研究发现，脊髓损伤后人们的平均寿命是5.36年，56.4%的人在他们受伤5年内死亡[7]。

坐垫的需求

- 同一研究显示80%的人在家死亡，1/3的人死亡时有压疮。
- 减压坐垫降低了发生压疮的风险。

B.3.5 适用轮椅的范围

World Health Organization

说明：

- 该研究显示80%的人在家死亡，这些在家死亡的人中，1/3的人死亡时患有压疮。

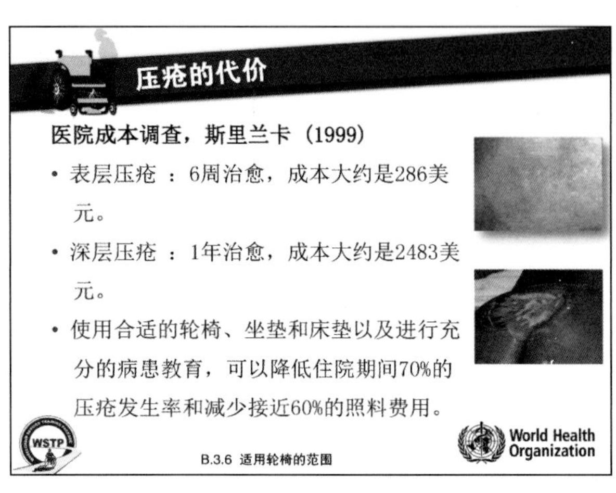

说明：

- 斯里兰卡一家康复医院的费用调查显示，使用合适的轮椅、坐垫和床垫以及进行充分的病患教育，可以降低住院期间 70％的压疮发生率，减少 60％的照料费用。

WHO《世界残疾报告》[8]中提到，在巴西圣保罗一家医院的一个项目中，该医院引进了一项旨在降低脊髓损伤者并发症的培训服务，使压疮发生率降低了 23％。

说明：获得适用的坐垫以及培训如何使用坐垫，是预防医疗并发症的重要内容。《轮椅服务初级教程》介绍了如何制作减压坐垫。《轮椅服务中级教程》介绍了坐垫改制。制作坐垫通常需要定期供应质量好的泡沫塑料。

3. 提供适配和体位支撑（10 分钟）

说明：需要提供一定尺寸范围的适配，包括儿童的选择。

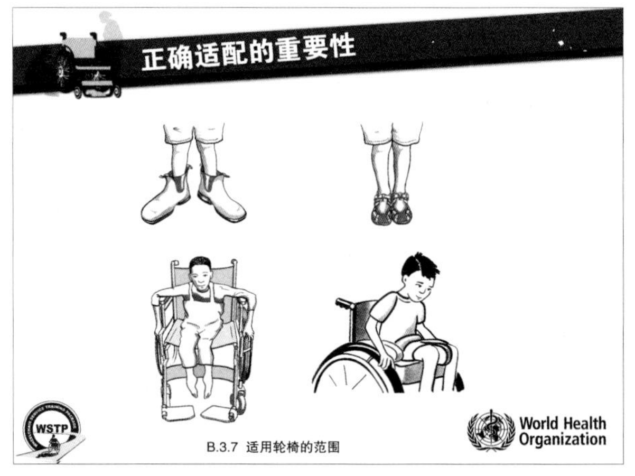

每次点击显示一张图片。

提问：你看到了什么？

最重要的答案：
● 儿童穿大人的鞋； ● 尺寸不适合，太大了； ● 儿童不能到处跑并且不能做他们应该做的事情。

点击显示鞋子适配较好的下一张图片。

说明：该儿童现在有大小合适且正确适配的鞋子，他能够到处跑和玩耍。

点击显示儿童坐在轮椅上的图片。

提问：你看到了什么？

最重要的答案：

- 儿童坐大人的轮椅，尺寸不合适；
- 移动和玩耍困难。

点击显示最后一张图片。

说明：有了正确类型和合适尺寸的轮椅，儿童就可以享有充分的机会来做他们应该做的事情。

说明：

- 每个人有不同的体位支撑需求，因此需要不同支撑类型的轮椅。
- 有初级体位支撑需求的人需要适配良好轮椅的支撑。

说明：有中级体位支撑装置需求的人需要有附加支撑且适配良好的轮椅。

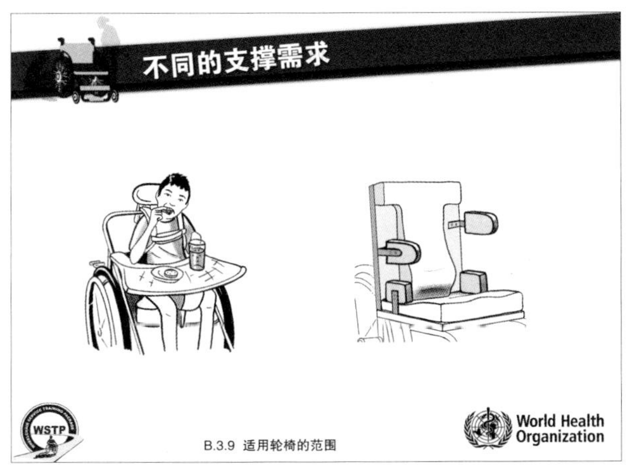

说明：

- 在轮椅上增加附加体位支撑装置或提供专用的支持性椅座附加支撑。

说明：当需要时不提供附加支撑会付出代价，尤其是处于生长发育期的儿童，他们会快速生长。

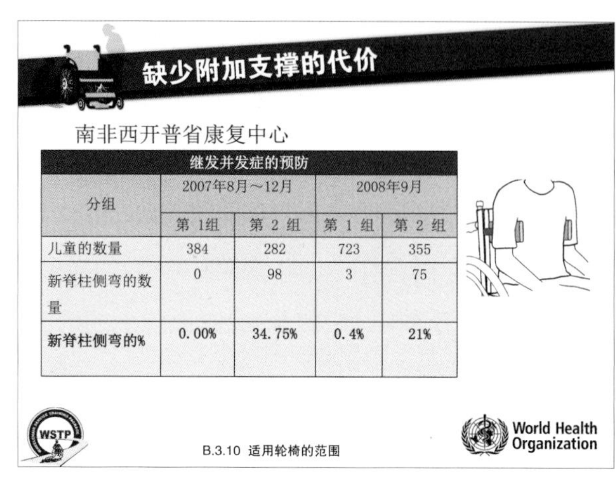

继发并发症的预防				
分组	2007年8月~12月		2008年9月	
	第 1组	第 2 组	第 1 组	第 2 组
儿童的数量	384	282	723	355
新脊柱侧弯的数量	0	98	3	75
新脊柱侧弯的%	0.00%	34.75%	0.4%	21%

南非西开普省康复中心的工作人员记录了在学校和康复中心接受观察的一组儿童并发症数据。

在姿势发育的任何变化之前，工作人员对所有的儿童都进行了记录。

强调列标题，说明第 1 组在姿势发育之前得到了适配良好的轮椅以及躯干的附加支撑。

第 2 组得到了适配良好的轮椅但是没有附加支撑。

得到附加支撑的第 1 组仅仅有 0.4%的人有因不良姿势引起的并发症。没有得到附加支撑的第 2 组有 21%的人有因不良姿势引起的并发症。

这些并发症对于儿童和他们家庭以及服务机构的代价是：

- 并发症增加以及花更多的时间预约看病；
- 健康更差；
- 不良姿势以及不舒适；
- 低的座位耐受性（不能长时间坐）；
- 参与教育的机会减少；
- 降低生活质量。

教师提示：这是案例的其他信息，学员可能会问其他问题

进一步分析，以下风险因素增加了不良姿势引起并发症的风险：

- 躯干肌肉力量不均衡；
- 不良运动导致姿势偏向一侧；
- 生长发育过快；
- 骨骼损伤；
- 躯干无力或瘫痪（高位）。

介绍视频：附加支撑的好处——查理。

让学员听查理叙述年轻时候附加支撑如何给她带来帮助。

播放视频。

提问：你怎样看待查理年轻时附加支撑给她带来的好处？

感谢回答。

4. 满足使用者的需求和环境（10 分钟）

介绍视频：适用轮椅的好处。

让学员观察，不同轮椅如何帮助视频中的人从事他们的工作或活动。

播放视频。

提问：你看到了哪些活动？

最重要的答案：

- 工作（超市、健身房）；
- 跳舞；
- 散步（和妈妈及小狗）；
- 打篮球；
- 去你想去的地方（学校、克服环境障碍）。

介绍视频：满足轮椅使用者的需求。

让学员思考有助于轮椅使用者从事不同工作或活动的不同特点。

播放视频。

提问：你看到哪些特点？

最重要的答案：

- 马克：可外转脚踏板使其用单脚推轮椅成为可能。双手用于工作。
- 大卫和平基：两人都可以独立地使用轮椅，一人用电动轮椅而另一人用手推。
- 法伊泽尔：后轮的位置有利于推行，靠背足够低不会妨碍推行。没有扶手使轮椅更容易靠近桌子。
- 基斯和拉尔夫：无扶手便于把工具放在他们的大腿上。良好的设置有利于推行。
- 瑞恩：轮椅可以折叠以及后轮能快速取下。让他独立地进出小汽车。

说明：该视频强调不同的轮椅适合不同的环境。当人们得到一辆不能在他们环境很好使用的轮椅，轮椅通常会被弃用。

说明：

- 图中有 3 辆轮椅。前两辆被弃用，因为它们需要维修但是没有备用零件。
- 第 3 辆捐赠轮椅是新的，但是，在户外使用时感觉摇摆不稳定，使用该轮椅的人感觉不安全。
- 虽然这个人有 3 辆轮椅，但是没有一辆能满足他的需求。

5. 安全和耐用产品的重要性（20 分钟）

说明：我们已经介绍过满足个人和他们环境产品的重要性。现在我们将思考影响产品安全和耐用性的因素。

提问：当一辆轮椅不耐用时会发生什么？

最重要的答案：

- 不会用太久；
- 很快就会坏。

质量较差产品的代价

- 质量差的产品比质量好的产品更需要频繁的更换。
- 不合适的产品在1～6个月内可能会损坏并需要更换。
- 合适的产品可以使用3～5年并且物有所值。

B.3.15 适用轮椅的范围

说明：

- 质量差的产品比质量好的产品需要更频繁的更换。
- 不合适的产品在 1～6 个月内可能会损坏并需要更换。
- 合适的产品可以使用 3～5 年（寿命比不合适的产品长 6～10 倍）并且物有所值。

提问：一大批弃用轮椅的成本是什么？

最重要的答案：

- 花钱去拆解和处理丢弃的轮椅；
- 弃用的产品需要占用设施中的有用空间；
- 捐赠的产品通常无人负责和做决定如何使用、储存和清理。

单击图片。

说明：

- 丢弃大量无法维修轮椅的案例可以在世界很多国家看到，轮椅堆满房间或丢弃在服务机构外面。

产品供应中的管理者职责

当获得或收到捐赠的产品时，管理者的职责是确保：

- 提供不同规格的产品；
- 轮椅配有坐垫；
- 产品的规格适合于使用的环境；
- 当在不平坦和粗糙地面环境使用时，产品是耐用的；
- 产品可以在当地维修。

B. 3. 17 适用轮椅的范围

单击图片。

说明：当取得或收到捐赠的产品时，管理者的职责是确保以下要求。

- 产品的规格适合使用的环境；
- 当在不平坦和粗糙地面环境使用时，产品是耐用的；
- 产品可以在当地维修。

提问：你从哪里获得轮椅？

可能的回答，根据学员和他们的情境而变化：
● 捐赠者； ● 宗教组织； ● 厂商； ● 供应商。

说明：轮椅使用者想要安全和耐用的产品，并且可负担维修的费用。关于你服务中心现有产品或何时为你的服务机构找寻新产品，这里有一些重要的问题。

活动	
分组	学员分成 3 组。
指导	给每组 1～3 编号并布置合适任务，内容见“实训手册”B.3：适用轮椅的范围，耐用及可维修。 让学员回答布置给他们组“实训手册”上的问题。 说明：学员可以参考“学员手册”并用他们自己的知识和经验来完成该活动。 说明：学员有 5 分钟来回答布置的问题。
监督	监督各组并在需要时给予协助。
时间	允许 5 分钟准备。 允许 10 分钟反馈，这个时间是基于 3 组，如果有更多的组则反馈调整更多的时间。
反馈	让每组轮流陈述他们的反馈。 教师应该参阅参考资料上的注释来引导讨论要点。

关于供应产品的安全和耐用性，你可以问哪些问题？

- 产品通过了标准认证（产品通过了由专业机构组织的性能测试和质量保证测试）吗？结果怎么样？
- 供应商能否明确给出轮椅的寿命？
- 供应商有缺陷报告的制度吗？
- 还有谁购买和使用他们的产品？
- 产品在所在地区试验了吗？如果有，反馈或结果怎么样？
- 有备用零件吗？这些备用零件需要在国外采购吗？或者一些备用零件在你们地区需要提前准备好吗？
- 如果车架损坏，可以在当地维修吗？

续表

哪些轮椅零件经常会损坏或磨损?
●质量较差的装饰面料撕裂或松弛。 ●小脚轮（轮轴、轮胎、轴承、小脚轮叉）。 ●后轮（轮轴、手推圈、轮辐、轴承、轮胎）。 ●刹车。 ●脚踏板。 ●坐垫。
你如何预测零件的订购量和品种?
●询问供应商是否有推荐。 ●确定哪些备用零件可以在当地购买（由服务机构或使用者）。 ●思考下一年度预测有多少随访预约，订购该数字的30%作为库存起点。 ●清楚地记录每年使用多少备用零件并用它来预测未来的订购量。

提问：为了了解产品的安全和耐用性，你还可以和谁交流?

感谢回答。

●通过家访、目标人群会议、残疾人组织获得使用者的反馈。

●从不同组织的服务提供者获得反馈。

●在你大批量采购之前，先采购少量产品来试用。

产品试用

- 在产品试用的最初阶段，人们通常只是基于它的外观来评价一个产品。
- 在真正使用产品后，通常意见会发生改变（正面和负面的）。
- 在作出正面或负面的决定之前，重要的是真正地试用该产品。

B.3.19 适用轮椅的范围

说明：

- 在产品试用的最初阶段，人们通常只是基于它的外观来评价一个产品。
- 在真正使用产品后，通常意见会发生改变（正面和负面的）。
- 在作出正面或负面的决定之前，重要的是真正地试用该产品几个月。

说明：轮椅服务的第 8 步是随访、保养和维修。轮椅服务人员应该教会所有的使用者及其家人简单的保养和维修技术来延长轮椅的寿命。这在《轮椅服务初级教程》中有相关介绍。

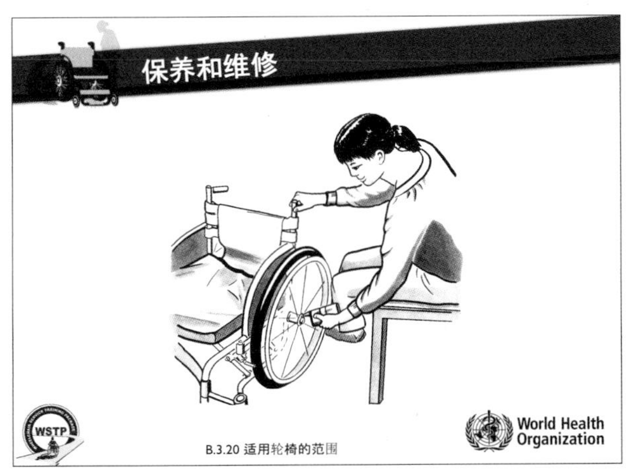

说明：管理者的职责如下。

- 确保服务的使用者获得保养和维修服务。
- 培训合作伙伴提供保养和维修服务。
- 找到社区可以提供保养和维修服务的资源。

说明：随访将在稍后单元进行讨论。

6. 轮椅产品范围（25 分钟）

承认在某些情况下只有一种类型的轮椅。

阅读下面斯里兰卡政府引入轮椅标准的案例。

强调：签署联合国《残疾人权利公约》的政府有道义和法律责任来制订辅助器具标准。

斯里兰卡轮椅供应体系国家标准
经过超过 3 年的游说，斯里兰卡发起了建立轮椅标准的过程。结果是所有的轮椅供应商或厂家产品必须满足相同的基本标准。如果政府采购了轮椅，轮椅标准可以确保厂家增加每辆轮椅的投入，通过提供更耐用和更具功能性的产品让使用者受益。采购方也会受益，因为他们的资金发挥的效益更长久。

说明：

下一个活动是思考利益相关者如何与政府或捐助者合作来改进适用轮椅的供应。

活动	
分组	学员分成 3 组。
指导	给每组分配“实训手册”B.2.2 提供适用的轮椅：角色扮演的一个场景。 让学员阅读场景。 说明学员有 10 分钟准备分配的场景。
监督	监督各组，并在需要时给予协助。
时间	允许 10 分钟准备。 允许总共 12 分钟反馈，这个时间是基于 3 组，如果有更多的小组参与则调整反馈时间。
反馈	让每组轮流陈述他们的反馈。 教师应该参考《资源有限地区行动辅具服务联合意见书》第 6 章的准则。
	提供适用行动辅具准则 为了国家履行与辅助技术（行动辅具）相关的义务，联合国《残疾人权利公约》列出了以下应该考虑的主要准则⑨： ● 可接受性——残疾人必须参与行动辅具提供的所有阶段。 ● 可及性——具有明确需求的人必须可获得行动辅具和相关的服务。 ● 适应性——行动辅具和相关的服务应该可适应和修改以确保它们适合个人的需求。 ● 可负担性——行动辅具和相关的服务必须可负担。 ● 可得性——设施、人员和产品必须对于人口的需求是充足的，并且尽可能接近人们自己的社区。 ● 质量——产品、设施和服务具有合适的质量。

7. 管理者行动要点概括（5 分钟）

阅读管理者行动要点。

管理者行动要点

- 确定使用者的需求以及最重要产品的特点来满足这些需求。
- 确定适用轮椅、坐垫和备用零件的合适范围。
- 找到产品改制材料的合适供应商。
- 讨论成本：在每个机会与不同利益相关者讨论，通过服务机构提供适用轮椅和坐垫的成本效益。

B.3.21 适用轮椅的范围

说明：与轮椅服务人员和利益相关者一起合作：

- 确定你服务的使用者的需求，以及产品最重要的特点来满足这些需求；
- 确定适用轮椅、坐垫和备用零件的合适范围；
- 找到产品改制材料的合适供应商；
- 对不同利益相关者每次提供的适用轮椅和坐垫，要进行成本效益的讨论。

提问：学员查阅自己的“实训手册”，并把在他们机构改进适用轮椅范围的行动措施记录下来。

B. 4：人员配置

<table>
<tr><td>目标</td><td colspan="2">本单元结束后，学员将能够：
□描述轮椅服务团队的 4 个角色；
□确定初级和中级服务所需的人员；
□规划角色整合到新的或现有安排中；
□预估年度服务能力。</td></tr>
<tr><td>资源</td><td colspan="2">本单元：
□幻灯片：B. 4：人员配置；
□《学员手册和实训手册》。</td></tr>
<tr><td>情境</td><td colspan="2">本单元可根据学员将工作的情境进行修改。例如：
□思考所在区域现有的服务模式，以及轮椅服务如何整合到这些模式中。</td></tr>
<tr><td>准备</td><td colspan="2">□浏览单元计划并收集资源。</td></tr>
<tr><td rowspan="6">大纲</td><td>1. 前言</td><td>2</td></tr>
<tr><td>2. 轮椅服务中的职责</td><td>10</td></tr>
<tr><td>3. 员工参与规划</td><td>5</td></tr>
<tr><td>4. 鼓励团队工作</td><td>5</td></tr>
<tr><td>5. 评估服务能力</td><td>25</td></tr>
<tr><td>6. 管理者行动要点概括</td><td>3</td></tr>
<tr><td colspan="2">总单元时间</td><td>50</td></tr>
</table>

1. 前言（2 分钟）

说明：本单元我们将讨论管理者的职责，确定和协调员工在实施过程中的不同角色和责任。我们将关注 4 个角色的主要职责：临床、技术、培训和管理。

2. 轮椅服务中的职责（10 分钟）

说明：只要进行适当的培训，服务职责可以由不同教育和专业背景的人来承担。因为这个原因，不同类型的机构都可以参与到轮椅供应服务中。

说明：

- 一个人可以承担不止一项职责或实施 8 个步骤中的 1 个步骤。
- 不同的人可能承担不同的职责。
- 在一些情况下，不同机构的人员可能在一起工作承担不同的职责或实施 8 个步骤中的不同步骤。

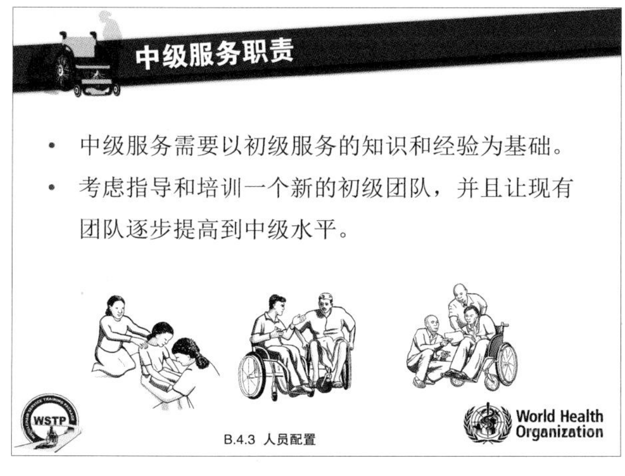

说明：

- 中级服务角色需要以初级服务的知识和经验为基础。
- 考虑指导和培训一个新的初级团队，并且让现有团队逐步提高到中级水平。

说明：管理者的首要职责是发现新的或现有人员来承担轮椅服务中的不同角色。如果有其他机构的人员参与，不同服务机构的管理者则需要合作。

活动	
分组	对学员进行分组，来自于相同机构的学员应该在一起。如果学员来自于不同的机构，他们没有必要分在一起。
指导	说明：已经完成的样表列在了轮椅服务人员的主要职责中（“实训手册”85 页）。 学员应该把名字写在每一项职责旁边。提醒学员一个人可以承担多项职责。 如果服务团队还没有确定，思考谁可以承担这些职责。 如果管理者支持不止一项服务，列出每项服务。
监督	监督各组，并在需要时给予协助。
时间	允许 5 分钟。
反馈	询问是否有人想对这项活动发表意见。说明每项职责都有人负责的重要性。

3. 员工参与规划（5 分钟）

说明：我们已经在领导变革的单元讨论过员工参与规划的重要性。

提问：员工参与为什么重要？

最重要的答案：
• 抵抗变革通常来自于对变革知识的缺乏； • 人们更愿意支持他们参与创造的事物； • 员工有如何开始或改进服务的经验和想法。

说明：

把服务人员召集在一起并让他们参与规划。

- 开始建立团队的过程；
- 鼓励良好的团队工作。

4. 鼓励团队工作（5 分钟）

说明：一旦你建立了团队，接下来的重要事情就是一起工作来计划如何建立或改进服务。

说明：

有助于协调团队和服务平稳运行的两项主要活动是建立周或月度记事簿，这在每个临床和技术机构是可以看得到的，召开定期团队会议。

- 每周、两周一次或月度计划；
- 每周、两周一次或每月团队会议。

5. 评估服务能力（25 分钟）

说明：当开始或改进服务时，我们将思考如何计划服务能力。

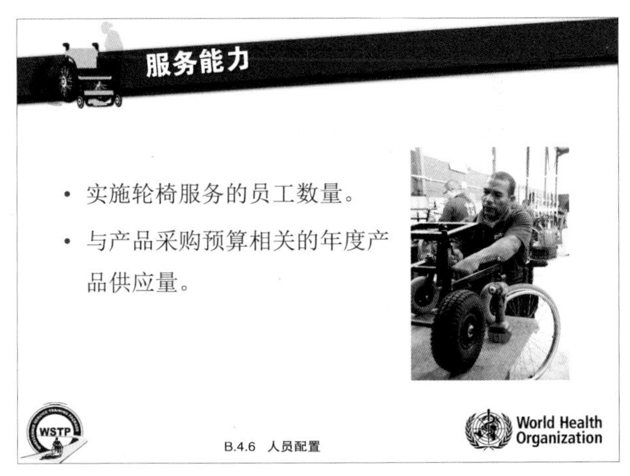

说明：服务能力与以下相关。

- 实施轮椅服务的员工数量；
- 与产品采购预算相关的年度产品供应量。

强调我们将关注服务人员的能力与使用者的年度服务数量之间的关系。预算将在下一单元考虑。

说明：员工数量和他们的工作时间与新预约和随访预约的年度服务能力之间有直接的联系。

说明：

- 建议每个机构至少应有两名员工参加初级和中级培训。
- 如果只有一名员工参加培训，一旦他们离开，所有的知识和经验都将被带走，服务机构是比较脆弱的。

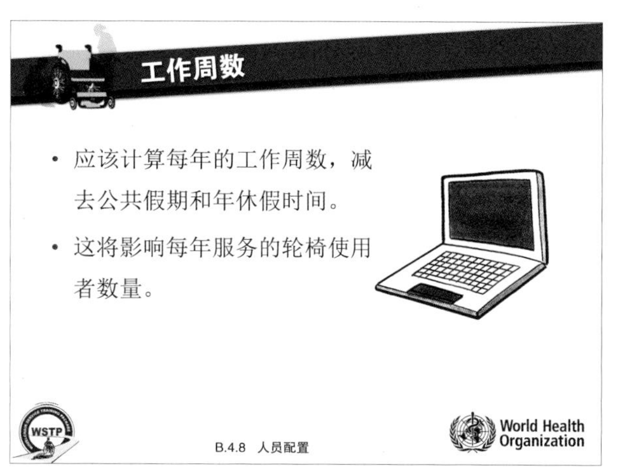

说明：

- 应该计算每年的工作周数，减去公共假期和年休假时间。
- 这将影响每年服务的轮椅使用者数量。

让学员计算服务人员每年在他们服务机构的工作时间，记住减去公共假期和年休假。

说明：每周工作 5 天。然而，服务人员可能不是 5 天时间都提供轮椅服务。

• 每周直接用于轮椅服务的工作天数也应该进行估算，减去每周会议、库存管理、文字工作和休息的时间。

• 这将会影响每周服务的轮椅使用者数量。

• 如果员工承担的职责不仅仅是轮椅服务，那么清晰地界定每项工作的时间就显得尤为重要。

World Health Organization

说明：

- 每周直接用于轮椅服务工作的天数也应该进行估算。考虑每周会议、文字工作、库存管理和休息的时间，这些时间应该从服务的可用时间中扣除。
- 这将影响每年服务的轮椅使用者数量。
- 如果员工承担的职责不仅仅是轮椅服务，那么清晰地界定每项工作的时间就显得尤为重要。

说明：作为计划的起点，我们将思考每天大约服务多少初级和中级轮椅使用者。

这受很多因素的影响，例如，服务人员是新来的或有经验的，提供的轮椅是否需要改制。这些因素应在下一章节“运营轮椅服务”中更多地考虑。

- 有经验的团队能够每天服务两位初级使用者。
- 有经验的团队能够每天服务一位中级使用者。

注意：这是基于一天的服务，从“步骤 2：评定”到“步骤 7 ：使用者培训”。服务量的预测应该根据服务模式进行调整。

参阅幻灯片中的电子表格。

说明我们将看到一个程序，这个程序将帮助管理者计算他们的服务机构每年可以服务多少轮椅使用者。

工作周计划		
每周工作天数	5	
每年工作周数	42	
预估服务能力	初级	中级
每天工作小时数		
预估为每位使用者服务的小时数		
每天服务使用者的数量		
每周服务使用者的数量		
每年服务使用者的数量		
意外事件(不可预期事件)		
预估每年服务使用者的 数量		

介绍表格并说明前两行应该按照他们的个性化服务进行计算。

- 每周工作天数？
- 每年的工作周数？

工作周计划		
每周工作天数	5	
每年工作周数	42	
预估服务能力	初级	中级
每天服务使用者的数量	2	1
每周服务使用者的数量	10	5
每年服务使用者的数量	420	210
15% 意外事件（不可预期事件）	-63	-31
预估每年服务使用者的 数量	357	179

引用已经输入的服务数据来帮助计算服务能力：

- 输入每天服务使用者的数量；初级×2，中级×1。
- 计算每周服务使用者的数量：每天服务使用者的数量×工作天数。
- 计算每年服务使用者的数量：每周服务数量×工作周数。
- 允许15％的应急突发事件，并从总时间中减去。
- 计算每年的估计服务能力。

让一位自愿上来的学员给出他们的估计数字并输入表格。

说明：这并不包含步骤8：随访。我们将在稍后单元介绍规划随访。

总结：看看表格上初级和中级的总共预测数字。这些数字比你预想的是多还是少了？鼓励讨论。

说明：我们将在运营轮椅服务部分再次讨论服务估算。

6. 管理者行动要点概括（3分钟）

讲出幻灯片的内容，强调要点。

让学员参阅他们的“实训手册”并记录他们人员配置的措施。

B. 5：轮椅服务的成本

<table>
<tr><td>目标</td><td colspan="2">本单元结束后，学员将能够：
□确定 8 个服务步骤的关键预算项目；
□说明整合服务共享成本的至少两个好处；
□说明与其他机构合作共享成本的至少两个好处。</td></tr>
<tr><td>资源</td><td colspan="2">本单元：
□幻灯片：B. 5：轮椅服务的成本；
□《学员手册和实训手册》；
□白板纸；
□蓝色、黑色和红色笔。</td></tr>
<tr><td>情境</td><td colspan="2">本单元可根据学员将工作的情境进行修改。例如：
□假定学员具备基本预算技能。</td></tr>
<tr><td>准备</td><td colspan="2">□浏览单元计划并收集资源。
□准备白板上的预算栏标题，并预留空白处以便填写建议的预算项目。</td></tr>
<tr><td rowspan="5">大纲</td><td>1. 前言</td><td>2</td></tr>
<tr><td>2. 预算指南</td><td>20</td></tr>
<tr><td>3. 综合服务的好处</td><td>20</td></tr>
<tr><td>4. 通过合作成本分担的好处</td><td>13</td></tr>
<tr><td>5. 管理者行动要点概括</td><td>5</td></tr>
<tr><td colspan="2">总单元时间</td><td>60</td></tr>
</table>

1. 前言（2 分钟）

说明：建立服务一开始，确定所有 8 个服务步骤的成本非常重要。本单元，我们将介绍如何计算初始服务或改进服务的成本。我们也将讨论用不同的方式来分担成本。

2. 预算指南（20 分钟）

参阅白板上列出的预算标题。

说明：我们将思考这些标题下的预算项目。

活动	
分组	分成 3 组。这时学员不能翻阅“实训手册”。
指导	展示白板上的预算标题。 让学员参考轮椅服务步骤海报以思考每个服务步骤。 让每组讨论这些标题下他们希望什么预算项目？ 全体学员：反馈每个预算标题下的建议预算项目。
监督	鼓励回答。
时间	允许 5 分钟讨论以及 10 分钟反馈。
反馈	在白板的预算标题下记录答案。 让学员参阅“实训手册”上已完成的预算项目（86～87 页）。 承认一些服务机构可能有其他预算项目没有列在这里。不是所有的服务机构都使用列出的所有预算项目。 让学员查阅“实训手册”。鼓励学员对照预算项目来记录预算笔记（5 分钟）。参阅下面的注释。

教师提示：	
预算项目	备注
启动成本	
产品设计	
采购一系列的产品	
工具	
设备	
建筑物或设施	可能包含建设、装修或修缮。
材料仓储	
运营成本	
轮椅	轮椅仓储——基于预测的服务量和轮椅使用者的预期需求。
备用零件	保持一定库存的常用备用零件是非常有用的。
材料	初级服务，为了改制需要一些材料。中级服务需要更多的材料。
货运（产品运输）	进口轮椅的海运费用和关税。运输轮椅至郊区中心。
人员	
管理人员	更大范围的潜在人员列在项目指南中。不要期望每个服务机构都配备所有这些人员。 画钩（见表格）代表与服务步骤相关的活动。一位员工可能负责实施不止一项活动。
临床人员	
技术人员	
教师	
行政人员	
当地运输	
服务人员的当地运输	例如，随访、社区服务、培训转介网络。
服务对象的当地运输	按照预约时间到服务机构。
服务对象的食宿	为需要过夜的服务对象提供食宿的费用（如果费用由服务机构承担）。
打印的资料	表格、检查表和使用者信息。

续表

运营成本	
易耗品	例如，胶水、线、油漆。
更换工具	工具损坏，因此需要预留更换的经费。
日常管理	不同的服务区域（临床、技术、存储、使用者培训、办公室）考虑电、水、房租。
人员培训	考虑服务人员的所有培训成本。
培训合作者或转介网络	为合作者或转介网络机构组织所有的培训或认识活动。
筹款	所有筹款活动的成本应该有预算。
监督和评价	监督和评价相关的成本，例如拜访服务使用者以收集反馈信息。成本可能包括差旅或其他人力。

3. 综合服务的好处（20分钟）

提问：有人在包含轮椅服务的综合机构工作吗？

感谢回答。

说明：

- 综合服务与独立服务相比，能够更有效地共享设施，可以显著地分担成本。

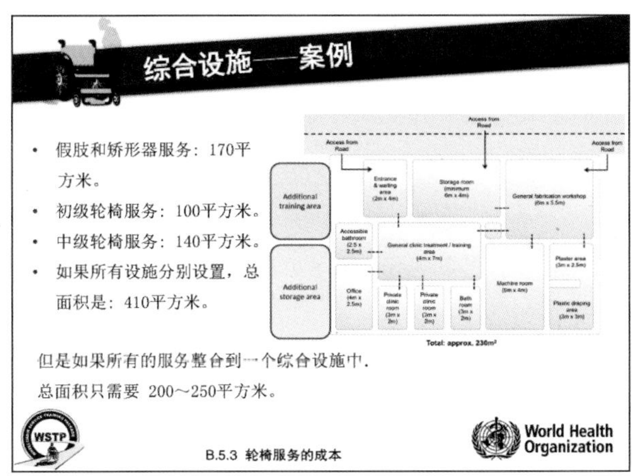

说明（案例）：

- 假肢矫形服务可能需要大约 170 平方米的占地面积。
- 初级轮椅服务可能需要大约 100 平方米的占地面积。
- 中级轮椅服务可能需要大约 140 平方米的占地面积。
- 如果所有设施分别设置，总共需要 410 平方米。
- 如果所有的服务整合到一个共享的设施，一个人就可以管理，总共需要 200～250 平方米。
- 这表示节省几乎 40%～50%占地面积的投资和建设。

活动	
分组	不分组。
指导	如果目前没有人在综合服务机构工作，完成下面的场景案例。 检查预算指南的每个项目并考虑在综合服务中哪些成本可以分担或节省。注意：没有绝对正确或错误的答案。目的是认识到整合服务对成本节省的好处。 **说明：** 用黑笔对可以节省的费用画圈。 用蓝笔对可以分担的费用画圈。 用红笔对需要筹集资金的费用画圈（有些项目同时有蓝圈和红圈）。
监督	鼓励回答。
时间	允许 15 分钟。
反馈	让学员分享他们对综合服务好处的思考。 承认节省成本不是只有一种办法。通过与其他机构合作分担成本也可以节省成本。

整合服务场景：如果学员没有整合服务的经验，分享下面的场景。
假肢矫形器服务机构计划整合轮椅服务。挑选了两位专业人员并派出接受轮椅服务初级培训。 两位专业人员每周进行 3 天轮椅服务以及 2 天假肢矫形器服务。 在工场为轮椅技术员分配了工作场地。治疗部门清理损坏和未使用的设备，这为临床服务提供了工作场地。 为了增加轮椅技能训练所需的一些其他障碍，调整户外步态训练区。
成本分担的建议
材料的仓储 人员工资 设备 工具 当地的运输（取决于服务模式） 监督和评价 经费筹集 培训合作伙伴或转介网络 工具更换 易耗品 打印资料 服务对象的食宿 人员
节省成本的建议
建筑物或设施 间接成本

续表

附加费用的建议
轮椅供应
备用零件
调整现有的移动训练区（由于大多数区域已经存在，费用会减少）
一些工具
一些设备
打印的资料
人员的培训

4. 通过合作分担成本的好处（13 分钟）

说明：可与其他机构合作来分担成本。

提问：你们有利用分担成本来提供产品的案例吗？

鼓励回答。

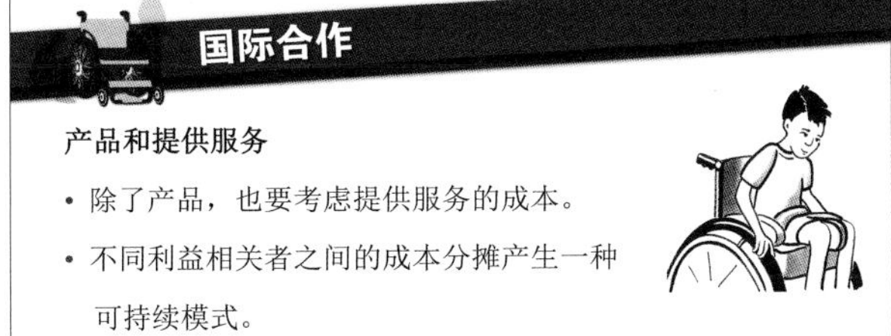

说明：

- 国际机构可以与服务中心分担产品的价格成本。
- 对服务中心的好处：产品让使用者负担得起。
- 对国际机构的好处：服务中心展示努力实现财务可持续性的能力。

提问：你们有利用分担成本来提供服务（人员、设施、交通方面）的案例吗？

鼓励回答。

说明：

社区的合作伙伴可以让集中式服务更有效地到达社区。

- 合作伙伴可能开始就能够提供设施，或支持员工。
- 他们也可以让员工接受一些服务步骤的培训，例如转介、随访和使用者培训。
- 对轮椅使用者的好处：减少交通奔波和成本。
- 对服务中心的好处：服务可以延伸至社区，不需要社区的服务成本。

提问：你们有培训方面分担成本的案例吗？

鼓励回答。

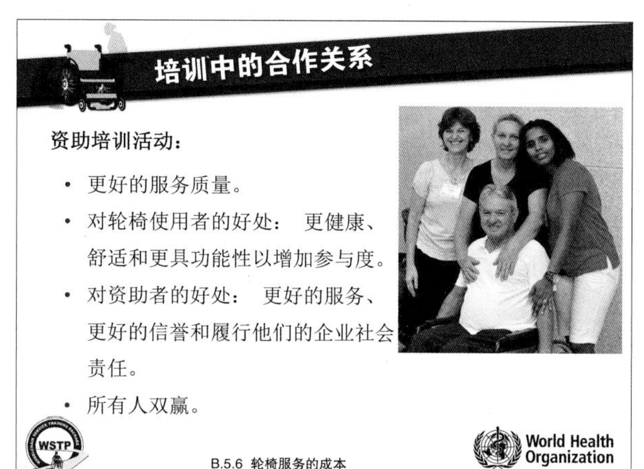

说明：

国际和私营机构可以资助培训。

- 对轮椅使用者的好处：提升健康性、舒适性和功能性以增加参与度。
- 对资助者的好处：提升机构的能力以更好地满足移动功能障碍者的需求。可以帮助私营机构实现他们的企业社会责任目标。

说明：一旦你计划了一种服务模式并列出了预算，必须要找到潜在的资金来源。如何找到轮椅服务开办和运作成本资金来源将在 C.4：规划财务的可持续性单元进行讨论。

5. 管理者行动要点概括（5 分钟）

管理者行动要点

- 当规划服务模式时，思考服务的整合。
- 当规划服务模式时，思考社区合作伙伴。
- 尤其是发展与残疾人组织的合作关系。
- 为规划的服务模式准备预算。
- 找到可能的支持者来实现最终的目标。

B.5.7 轮椅服务的成本

讲出管理者行动要点概括。

与轮椅服务人员和主要利益相关者一起：

- 当规划服务模式时，思考服务的整合；
- 当规划服务模式时，思考社区合作伙伴；
- 为规划的服务模式准备预算。

让学员翻阅“实训手册”并把他们确定开办和运营轮椅服务的成本的活动记录下来。

C：运营轮椅服务

C.1：如何确定轮椅服务是否有效

目标	本单元结束后，学员将能够： □说明监督与评价的不同之处； □描述如何准备服务计划； □讨论改进服务效率和有效性的至少3种方式； □描述如何收集使用者反馈来告知服务提供方。	
资源	本单元： □幻灯片：C.1：如何确定轮椅服务是否有效； □《学员手册和实训手册》； □便条贴； □在评定时测量参与度的工具； □在随访时测量满意度和效果的工具。	
情境	本单元可根据学员将工作的情境进行修改。例如： □可能会与一些使用者会面，并在本单元完成使用者满意度调查问卷。 □思考检查现有的服务计划并把它与服务计划框架联系起来。	
准备	□浏览单元计划并收集资源。	
大纲	1. 前言	2
	2. 什么是监督和评价	10
	3. 有效和高效的服务	20
	4. 使用者反馈的重要性	23
	5. 建立服务计划	15
	6. 管理者行动要点概括	5
总单元时间		75

1. 前言（2 分钟）

说明：教程的本部分关注运营服务。本单元我们将讨论管理者的职责，并借助年度服务计划来发展高效优质的服务。

2. 什么是监督和评价（10 分钟）

说明：监督和评价帮助管理者看到，由于他们的团队活动结果发生了什么或没有发生什么。它也有助于管理者和他们的团队知道哪些活动是有效的，哪些是无效的，并了解他们服务的使用者和利益相关者想些什么。

提问：你如何描述监督？

说明：

监督评估绩效。它着眼于服务机构在某一时段提供服务步骤的效果如何。

提问：你如何描述评价？

说明：评价比监督更进一步。

- 它着眼于服务活动对使用者的影响。

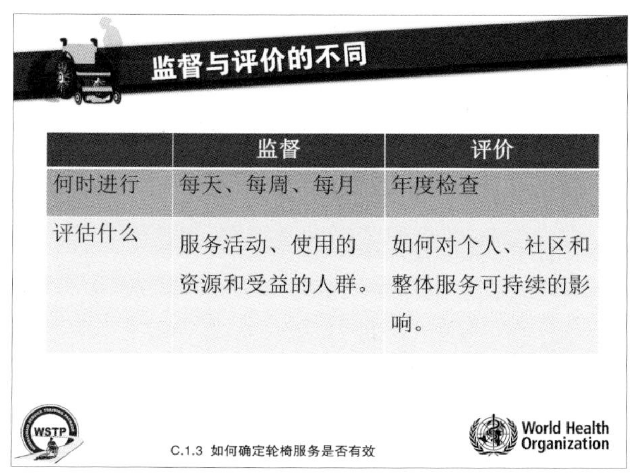

	监督	评价
何时进行	每天、每周、每月	年度检查
评估什么	服务活动、使用的资源和受益的人群。	如何对个人、社区和整体服务可持续的影响。

说明：我们将仔细地看一下监督与评价的主要不同。

提问：什么时候开展？

说明：监督是全年定期进行。评价的频率低些，可以每年进行。

提问：评估什么内容？

说明：通常，监督评估的效率，是指在服务活动中使用的资源和受益的人数。

通常，评价所评估的有效性，是指个人和社区的影响，以及整体服务如何可持续。

活动	
分组	把学员分成 4 人一组。
指导	说明：这里有监督和评价好处的许多案例，以及目的是了解哪组想到最多的案例。 让学员把案例写在单独的便条贴上。 当完成的时候把便条贴粘在白纸上。
监督	监督各组，并在需要时给予协助。
时间	允许 5 分钟。
反馈	本单元期间让便条贴留在白纸或墙上。

感谢他们的付出。

最重要的答案：

- 提供重要的信息来改进服务的质量；
- 提供信息来指导产品的采购；
- 帮助控制成本，需要提高效率和证明当前和建议的资金是合理的；
- 让服务机构用有效率的服务来向资助者（包括政府和 NGO 捐助者）证明；
- 帮助确定和量化未满足的需求；
- 了解资源的适当分配；
- 提高服务效益的意识；
- 与服务受益者发展更牢固的合作关系。

3. 有效和高效的服务（20 分钟）

说明：本培训较早前我们关注开始轮椅服务，以及付诸实施以下这些事情来帮助提高效率。

跟进一致行动

一些常见的评价结果：

- 需要采取进一步行动来建立公平的服务。
- 需要改进转介、预约和随访。
- 为了提供服务，升级设施和建立良好的系统和流程。
- 提高现有产品质量或扩大产品的范围。

C.1.4 如何确定轮椅服务是否有效

- 建立公平服务的行动；
- 改进转介和预约的行动；
- 组织设施和建立制度及流程；
- 改进可得到产品质量的措施。

说明：随访以及评价每个服务步骤的制度和流程，关注它们如何有效地进行非常重要。

说明：当计划如何监督和评价服务时，建立 3 个步骤框架是有用的。更详细的信息可以在《资源有限地区手动轮椅服务指南》表 3.5 中找到。

介绍小组活动，并说明我们还会研究如何评价服务有效和高效地进行。

活动	
分组	把学员按照所在机构进行分组。 分配一半的小组完成“实训手册”上 C1.1 监督章节表格的阴影部分，另外的小组完成表格的非阴影部分。
指导	说明表格： ●第 1 列列出服务的区域和监督的活动； ●第 2 列列出一些可能的服务绩效目标； ●第 3 列列出信息收集的方法来比较目标真正发生了什么（什么应该发生）。 说明活动： ●“实训手册”活动工作表的一些方框已经完成了。其余的方框应该填上。 提问记录这些信息为什么重要。
监督	监督各组，并在需要时给予协助。
时间	允许 5 分钟活动以及 10 分钟讨论完成的表格。
反馈	把学员召集在一起并完成每行（答案会不同，这是重要的过程）。 增加各组没有想到的其他建议。

监督服务区域，绩效目标以及收集信息方式的案例。

服务区域和活动	服务绩效目标	信息收集的方法
转介		
转介使用者的数量。	服务机构每月将接收 30 名转介者。	记录接收到的转介。
从转介到预约的平均等待时间。	从转介到预约的等待时间应该小于 1 个月。	在使用者档案上记录接收的转介日期和评定日期。
轮椅供应		
收到轮椅的使用者数量。	服务机构每月将为 20 名使用者开具处方和适配轮椅。	在使用者档案上记录轮椅处方。
从评定到适配的平均等待时间。	从评定到适配的等待时间应该小于 2 个月。	在使用者档案上记录评定和适配日期。
随访预约的数量。	每月将为至少 15 名使用者随访预约。	在使用者档案上记录随访预约。
轮椅服务的人数		
转介至服务的使用者信息，例如年龄、性别、残疾、体位支撑需求。	服务机构将促进平等获得服务。服务机构的目标是满足初级轮椅服务的使用者以及那些需要改制和体位支撑者的需求。	在使用者档案上记录获得服务的成人、儿童的数量。 在使用者档案上记录需要的姿势类型以及处方的轮椅。
服务所涵盖的地理区域。	服务机构将为生活在一定范围（区域或场所）的人提供轮椅。	在使用者档案上记录获得服务的使用者的家庭地址。
服务成本		
产品供应的成本，包括在服务机构的改制。	每辆轮椅的单独成本将会少些（根据预算和可得到产品的真实成本确定具体的金额）。	在使用者档案上记录产品和所有改制的成本。
服务活动所花费的时间（例如，评定、随访和培训）。	服务机构将为生活在一定范围（区域或场所）的人提供轮椅。	在使用者档案上记录花费的时间。

说明：当分析收集的信息和数据时，有两个重要的事情要考虑。

- 当活动进行不顺利时，与使用者、服务人员以及其他利益相关者一起找到问题的根源。
- 当活动进展顺利以及目标实现时，找到分享和庆祝成功的方法。这对于服务团队和其他利益相关者非常有激励作用。

说明：

- 庆祝成功并奖励好的结果非常重要。

提问：你会与你机构的员工庆祝成功吗？你会怎样做？

4. 使用者反馈的重要性（23 分钟）

说明：评价让服务机构思考哪些进展顺利以及哪些需要改进，也让服务机构思考是否实现整体的目标。

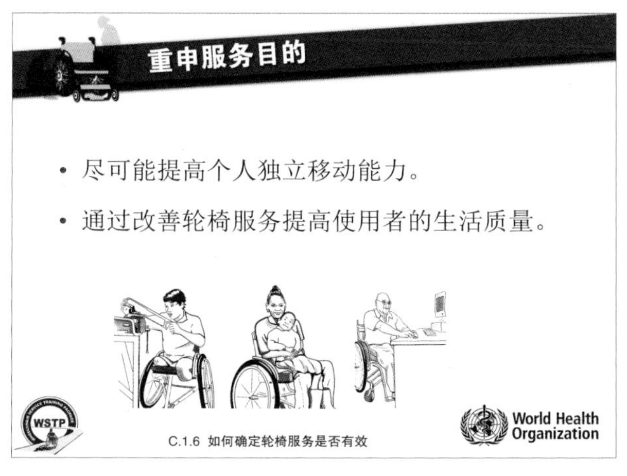

说明：

- 在幻灯片中讲出轮椅供应体系的终极目标。

说明：《资源有限地区手动轮椅服务指南》中表 3.6 有很多如何评价服务的建议。更详细的信息列在“学员手册”中。

说明：

- 服务的使用者和他们获得的干预。
- 服务的成本，包括产品和提供服务的成本。
- 人员配备（人员的数量和他们的职责和能力）。
- 服务机构的设施和设备。
- 提供服务的质量、良好实践的建议列在《资源有限地区手动轮椅服务指南》中。
- 对使用者及其家人的影响。

向学员提问，他们是否已经评价了自己的服务？

感谢回答。

询问他们是否评价列出的所有内容？

感谢回答。

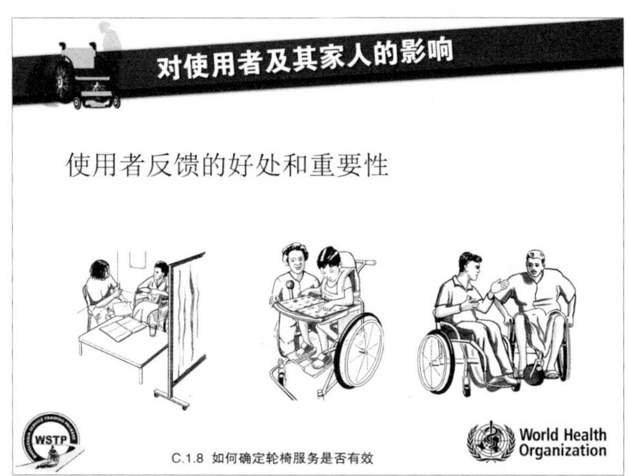

说明：

- 我们将关注列表上的最后一点，即对使用者及其家人的影响。
- 我们将讨论从使用者获得反馈的好处和重要性。

说明你愿意分享埃塞俄比亚移动功能障碍者的案例，他们参与收集使用者反馈而受益。

讲出故事。

埃塞俄比亚的案例
两名地区工作人员调查了来自于埃塞俄比亚全国 7 个服务中心的 140 名轮椅使用者。因为两位工作人员都是行动障碍者，这对履行他们的职责非常有用。 对调查流程的好处： 地区工作人员非常了解他们国家轮椅使用者面临的问题，该流程授权他们倡导轮椅使用者的需求和权利。 使用者从正面榜样的面谈中获得情感和心理的好处。面谈后，非正式的网络逐渐形成，这会使服务提供者和使用者之间的关系更牢固。 另外，通过评价，发现一些轮椅使用者没有得到满足他们需求轮椅的案例。这会追溯服务机构的培训需求，该服务机构就能够在这方面采取行动。

说明：当计划从轮椅使用者收集信息时，有一些重要的考虑因素。参阅“实训手册”。

活动	
分组	作为一个团队：同一机构的学员可以在一起。
指导	介绍《轮椅服务管理者教程——附加资源手册》中的“辅助器具评估的参与度测量工具”和“辅助器具随访的满意度和效果测量工具”表格。 **说明**：当计划从轮椅使用者收集信息时有一些重要的考虑因素。 完成这个检查表为你的服务做记录（“实训手册”第 91 页）。
监督	监督各组，并在需要时提供协助。
时间	允许 8 分钟小组活动和 5 分钟反馈。
反馈	让一位志愿者分享他们的计划。

说明：在面谈使用者之前需要考虑和准备的重要因素。参阅“学员手册”获取更多的信息。

5. 建立服务计划（15 分钟）

说明：监督和评价信息可以用作建立服务计划。

介绍服务计划框架以及每个标题。

说明：

- 首先考虑服务需求或问题。
- 然后思考需要哪些措施来解决这些需求或问题。
- 建立一个目标或“短期赢”。
- 决定你将如何收集信息来展示实现的目标。

活动	
分组	不分组。
指导	让学员参考他们的“实训手册”并找到 3 个需求或问题以及完成服务计划框架（“实训手册”第 92 页）。
监督	监督各组并在需要时提供协助。
时间	允许 5 分钟活动和 9 分钟反馈。
反馈	投影幻灯片中的表格标题。 让两位学员说明他们的案例。 输入案例，厘清所有必要的要点。

6. 管理者行动要点概括（5 分钟）

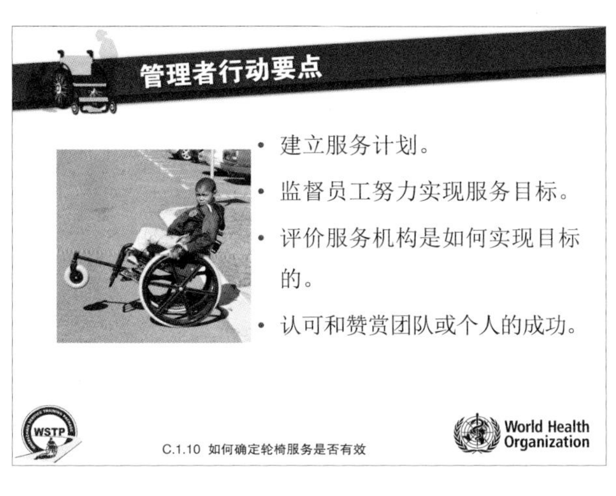

讲出管理者行动要点。

让学员参考他们的“实训手册”，为了了解他们的服务是否有效，应记录他们自己对建立服务计划的行动措施。

C. 2：管理需求

目标	本单元结束后，学员将能够： □当转介太少时为管理者列出至少 2 个行动措施； □当转介太多时为管理者列出至少 2 个行动措施； □描述早期转介对儿童重要的 3 个原因； □描述至少 3 个行动措施来监督和改进服务效率。	
资源	本单元： □幻灯片：C. 2：管理需求； □《学员手册和实训手册》。	
情境	本单元可根据学员将工作的情境进行修改。例如： □如果为特定的合作伙伴举行培训，收集服务步骤时间的数据。	
准备	□浏览单元计划并收集资源。 □提前在白纸上写下早期转介的好处。	
大纲	1. 前言	2
	2. 创造需求	20
	3. 管理需求	18
	4. 儿童早期转介的重要性	20
	5. 运行有效和高效的服务	20
	6. 管理者行动要点概括	5
总单元时间		**85**

1. 前言（2 分钟）

说明：本单元，我们将讨论管理者在发展服务以满足需求中的职责。它包括管理转介、儿童早期转介的重要性、改进服务有效性和效率的建议。

2. 创造需求（20 分钟）

说明：我们将思考当转介至服务机构数量太少时，管理者应该采取什么措施。

说明：

- 当转介太少时服务运营成本太高。

提问：在上一个单元建议采取什么措施来发展转介网络？

鼓励回答并将答案写在白板上。

最重要的答案：

- 确定转介来源；
- 拜访潜在的转介机构；
- 转介网络培训；
- 在服务机构举行开放日活动。

提问：如果转介数量太少，问题的根本原因是什么？

鼓励回答并将答案写在白板上。

最重要的答案：
●服务机构没有找到最合适的转介来源； ●需要轮椅的人无法获得转介来源的信息； ●转介网络培训并不能使人们了解轮椅服务的好处和重要性； ●轮椅使用者不能获得服务，例如，服务机构离他们住的地方太远，或者交通不方便。

活动	
分组	把学员分成两组。
指导	阅读下面成功转介网络的案例。 让学员思考为什么会成功以及列出原因。
监督	监督各组，并在需要时提供协助。
时间	允许 5 分钟活动和 5 分钟反馈。
反馈	让学员分享他们对成功因素的思考。 记录答案在白板上。 如果必要，在最后提出他们没有想到的因素。

成功的案例：孟加拉国的转介
孟加拉国“为生命行走”项目与卫生部合作，为 3 岁以下马蹄内翻足畸形儿童发展全国可持续矫形服务。“为生命行走”项目的目标是：确保不让全国任何地方的一个家庭跋涉超过 80 公里来获得马蹄内翻足服务。 为了保证这个目标的实现，“为生命行走”项目需要有效的转介网络。项目找到以下人群为潜在的转介网络：来自于政府和非政府组织的卫生工作者和基层工作者，包括医生、治疗师、护士和医师助理。项目面向这些人群开展活动提高他们对马蹄内翻足儿童早期转介的重视。 结果：孟加拉国超过 60%的天生马蹄内翻足儿童被找到，并且在他们出生 12 个月之内接受了治疗。在达卡，服务的人口是 5000 万，服务人口的数量百分比提高到 75%。

最重要的答案：

- 谁是目标人群；
- 他们想达成什么样的清晰目标；
- 找到不同类型的组织以及不同的专业；
- 找到机构为中心和社区为中心的组织；
- 密切监督转介，早期转介的成功故事激励参与的所有人。

3. 管理需求（18 分钟）

说明：当使用者对服务有较高的要求时，他们的要求不能立即被发现，这对于服务使用者和服务人员来说都是令人沮丧的。

说明：

如果转介至服务机构的人数超过可以服务的人数，有 3 个可能的结果。

- 服务人员被迫减少每个人的服务时间，服务质量会下降；
- 轮椅使用者不得不延长等待的时间；
- 一些轮椅使用者会离开。

说明：如果可能，管理者应该小心地处理需求。

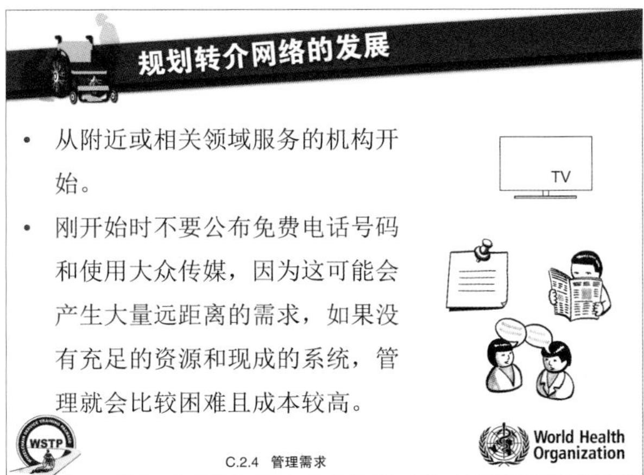

讲出幻灯片的内容，强调要点。

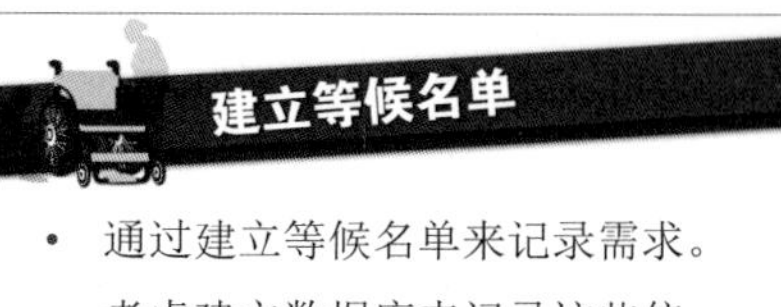

- 通过建立等候名单来记录需求。
- 考虑建立数据库来记录这些信息，以帮助提高效率和处理服务数据。
- 等候名单信息需要定期更新，一旦使用者获得了服务，应从等候名单中删除。

C.2.5 管理需求

说明：

第一步是通过创建等候名单来记录需求。

- 建立数据库来记录这些信息是非常有用的。
- 它让管理者和服务人员有效地获得信息并容易处理服务数据。
- 一旦使用者获得服务，等候名单就可以增加新的使用者。

说明：当等候名单建立起来后，机构可以根据情况的轻重缓急对转介人员排序。

提问：你们机构对于筛查和优先排序转介人员有制度吗？

感谢回答。

优先转介

对需求变化很快或发生更多医疗并发症的人优先转介：

- 残障儿童。
- 有发生压疮风险的轮椅使用者。
- 有进行性疾病的轮椅使用者。
- 由于没有轮椅或者适配较差的轮椅，而正在经历痛苦的人们。

C.2.6 管理需求

说明：

当有很多转介人员等待时，检查名单并优先那些需求变化很快或有健康并发症的人尤为重要。

- 残疾儿童，有形成不良姿势或继发畸形的风险。
- 有发生压疮风险的轮椅使用者，因为压疮会威胁生命。
- 有进行性疾病的轮椅使用者。
- 由于没有轮椅或有适配较差的轮椅，而正在经历痛苦的人们。

提问：你认为哪些信息对于筛查转介人员是重要的？

最重要的答案：
● 年龄； ● 残疾类别； ● 转介的原因； ● 地理位置。

说明：按照可以服务的轮椅使用者数量、提供服务的层次以及服务机构可以提供什么服务的期望，对轮椅服务进行管理。

每个国家的每个地区都有人需要初级、中级和高级姿势支撑。每个国家的每个地区都需要中级服务以及高级服务。然而，不是每个服务机构都有开展中级或高级服务的能力。

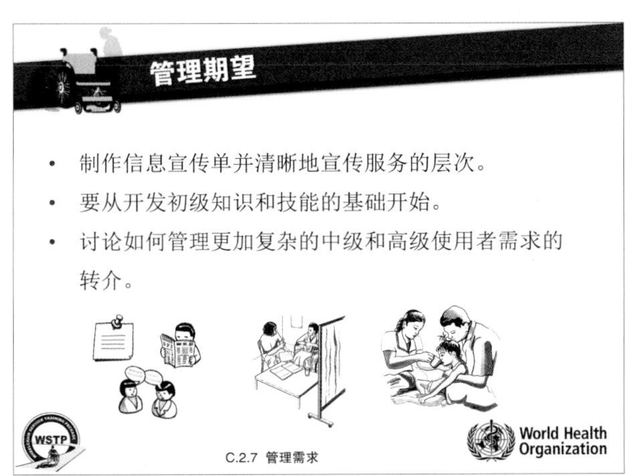

说明：

● 制作信息宣传活页资料并清晰地宣传提供服务的层次。

● 要从开发知识和技能的基础开始，也就是说，要从 8 个服务步骤的流程和配套制度这个基本水平开始。

● 讨论如何管理更加复杂的中级和高级使用者需求的转介。

说明：记录没有满足的需求是有用的，它有助于计划增加服务人员的能力和产品。

一些服务机构可以继续培训服务人员和开发有合适范围产品和体位支撑装置的中级服务。

一些服务机构需要具备引入中级服务的能力。开始阶段，把信息做成小册子并清晰地宣传提供服务的层次尤为重要。

教师提示：

该领域的现实情况是服务人员将向有需求的使用者展示不仅仅是他们的知识、技能、可得到的产品以及服务能力。

对使用者和服务人员来说，清晰地讨论和已经为如何处理这种状况准备好策略非常重要。创建服务层次的宣传信息有助于促进这种讨论。

与其他服务提供者联系，来了解对超出服务能力的需求是否可能转介或合作尤为重要。

4. 儿童早期转介的重要性（20 分钟）

说明：许多需要轮椅的儿童也需要附加体位支撑。这意味着很多儿童需要中级服务。所有儿童尽可能早地转介至服务机构，预防或延缓不良姿势的发展非常重要。

提问：根据学员的经验，儿童应当年幼时转介至轮椅服务，还是等到他们变得太重而无法搬动时才转介至轮椅服务？

鼓励回答。

提问：为什么一些家长不愿意让幼儿接受轮椅评定？

鼓励回答。

最重要的答案：

- 家长可能希望儿童可以“治愈”并能开始走路；
- 家长可能认为如果他们给儿童适配一辆轮椅，他们将不再尝试行走；
- 当儿童年幼和体重较轻时，比较容易搬动他们，而不是用轮椅来通过难走的地面和有障碍的环境；
- 家长可能没有钱来买轮椅而一直耽误，直到变得越来越困难而无法搬动儿童；
- 家人可能觉得愧疚或担忧，如果他们的孩子被人看到有残疾，他们将被别人看到负面的形象。

让学员提出一些早期转介的好处。

把之前准备好的早期转介好处的列表贴在墙上，并反复检查是否所有的好处都提到了：

- 坐直困难的儿童如果不能得到良好的支撑，就会有姿势问题；
- 如果儿童转介晚了，有些姿势问题就会不可逆转。即使给予支撑，儿童也很难舒适地坐着；
- 如果缺少坐和移动的经历，儿童的发育将会迟缓；
- 对于那些有行走能力的儿童，使用轮椅可以让他们的日常生活更容易，并且白天可以做更多的事情。

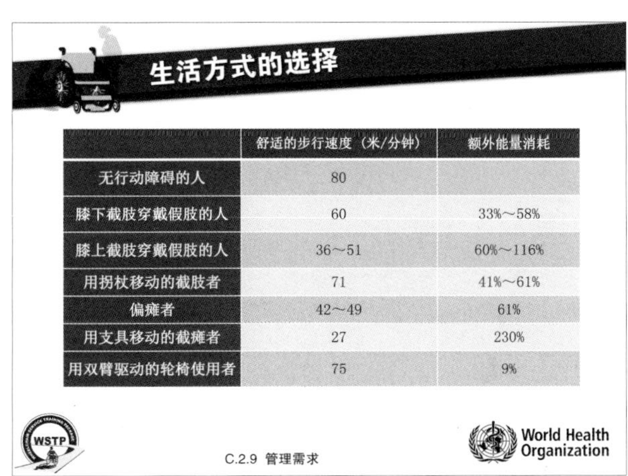

	舒适的步行速度（米/分钟）	额外能量消耗
无行动障碍的人	80	
膝下截肢穿戴假肢的人	60	33%～58%
膝上截肢穿戴假肢的人	36～51	60%～116%
用拐杖移动的截肢者	71	41%～61%
偏瘫者	42～49	61%
用支具移动的截瘫者	27	230%
用双臂驱动的轮椅使用者	75	9%

说明：

- 由于使用设置良好的轮椅，提高了移动速度以及减少了能量的消耗，与轮椅一起使用行动辅具和假肢可以让人们做更多事情；
- 左侧的表格显示了不同方式移动的速度（米/分钟）和能量消耗（与没有行动障碍走相同的距离相比）。

消除家长和转介来源的顾虑，使他们明白轮椅不会降低儿童的行走能力，这一点很重要。当儿童学习行走的时候，通过轮椅来移动的经验将在其他很多方面有益于他们的发展。

说明：

轮椅服务机构可以鼓励转介来源转介以下情况的儿童。

- 坐直困难或到 1 岁时不能拉起站立；
- 2 岁仍不能独自行走。

说明：儿童通常并不总是坐着，一天里他们会不断地活动改变体位。这意味着尽管轮椅很重要，儿童也不应该整天都坐在轮椅上。

说明：

- 轮椅服务人员需要与儿童及其家长或看护者一起找到儿童白天能够采取的不同姿势。
- 这包括不同支撑的坐姿、站和躺。
- 为了儿童、家长或看护者的培训，应鼓励与服务机构密切合作。

活动	
分组	把学员分成两人一组。
指导	让学员阅读墨西哥父母早期转介的成功案例（“实训手册”第93页）。 让学员思考案例为什么会成功并列出原因。
监督	监督各组，并在需要时给予协助。
时间	允许5分钟活动以及5分钟反馈。
反馈	让学员分享他们对成功因素的想法。 把答案记录在白板上。

成功案例：墨西哥父母的早期转介

这个案例介绍了墨西哥的儿童康复中心如何建立有效的早期转介网络。

康复中心的目标是提高新生儿医生和儿科医生对他们服务的认识。另外，他们针对普通社区开展年度资金募集活动，使用广泛的媒体覆盖，包括广播和电视。这产生了很好的口碑效应，许多家长亲自转介他们的孩子。

在宣传活动过程中，康复中心有一个清晰的观念：当儿童出生时转介儿童进行康复至关重要。被服务的儿童的融合状况和取得的成绩有很多正面故事，他们用这些故事来宣传成功的强大愿景。经过15年的发展，由于儿科医生和家长现在积极地进行早期转介，康复中心看到了文化意识层面的转变。

结果：1/3的转介对象是从新生儿到3周岁的幼儿。

最重要的答案：

- 信息明确，针对性强；
- 目标清晰；
- 对专业人员和家长采取不同的方法和措施；
- 分享成功故事来鼓励家长和专业人员进行转介；
- 常年持续地提高认识。

5. 运行有效和高效的服务（20分钟）

说明：我们看一下B.4：人员配置中“评估服务能力”部分。一旦服务开展，详细地了解这些信息是有用的，分析以下几点。

- 每个服务步骤要多长时间；
- 通过关注以下方面使每个服务步骤尽可能地有效。
  - 团队合作；
  - 每个服务步骤可以提前准备些什么？

让学员预测他们的服务机构每天有多少小时可以用于提供服务。考虑喝茶、咖啡、午餐时间，完成文书工作的时间，会议和所有文化因素，这些会影响开始和结束的时间。

承认这只是一个预测。

让学员注意“实训手册”上的数字。

强调这是一项有益的活动，应与服务人员一起完成。因此管理者和服务人员可以共同建立实际的服务目标。

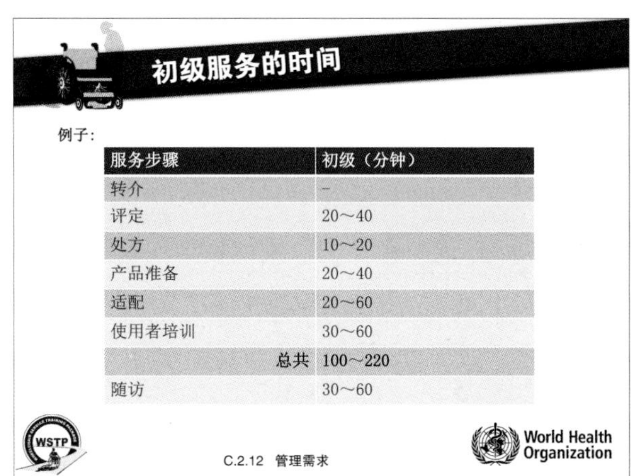

服务步骤	初级（分钟）
转介	–
评定	20～40
处方	10～20
产品准备	20～40
适配	20～60
使用者培训	30～60
总共	100～220
随访	30～60

显示初级服务步骤的时间。

让学员预测每年他们可以提供的轮椅数量（初级）。

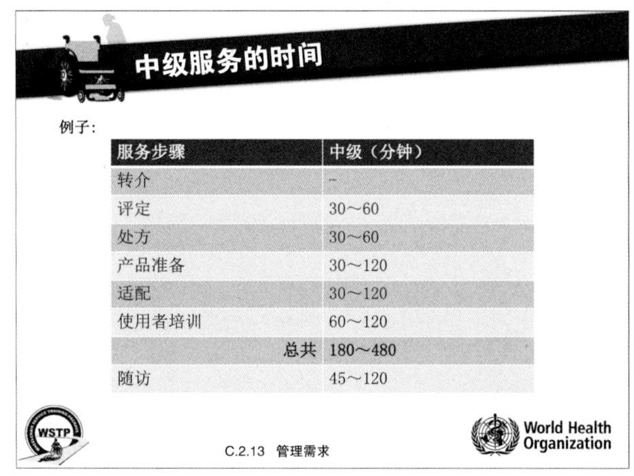

服务步骤	中级（分钟）
转介	–
评定	30～60
处方	30～60
产品准备	30～120
适配	30～120
使用者培训	60～120
总共	180～480
随访	45～120

显示中级服务步骤的时间。

让学员预测每年他们可以提供的轮椅数量（中级）。

承认每个服务步骤的预测时间会有较大的差异。

说明我们将看一下出现差异的一些原因。

活动	
分组	把学员分成 2 组或 3 组。
指导	**说明**：活动的关注点在于思考团队合作，以及可以提前做什么准备来减少每个服务步骤所需要的时间。 阅读第 1 列列出服务步骤花费较多时间的原因。 学习更有效工作以及减少服务步骤时间的一些观点。 画一条线连接问题和解决办法。
监督	监督各组，并在需要时给予协助。
时间	允许 5 分钟活动以及 10 分钟讨论。
反馈	让学员讲出改进服务步骤效率的策略。 如果有些观点没有谈到，鼓励其他组补充。

高效服务的策略

1. 找到可调范围尽可能多的产品。
2. 找到可以容易修改的产品。
3. 找到有附加体位支撑装置(PSDs)的产品。
4. 提前准备样品设置选项。
5. 预制PSDs。
6. 为协同工作制定明确的进度。

C.2.14 管理需求

讲出幻灯片的内容，强调要点。

高效服务的策略

7. 举行团队会议来建立共享工作计划。
8. 在适配过程中临床和技术团队在一起工作。
9. 临床和技术团队讨论处方方案。
10. 清晰地记录信息并保存。
11. 为服务人员规划适当水平的培训。

C.2.15 管理需求

讲出幻灯片的内容，强调要点。

讲出幻灯片的内容，强调要点。

讲出幻灯片的内容，强调要点。

第 1 列：服务的挑战	第 2 列：服务策略
评定	
1. 如果服务人员前往服务或进行家访，路程时间需要考虑到评定中。	18
2. 如果团队成员缺乏评定经验会耗时较多。	11
处方	
3. 如果产品的调节范围有限，必须开具处方改制方案以使产品适合使用者。	1、2
4. 如果需要制作附加体位支撑装置，需要进行其他测量和绘图。	5、9、10、16、19

续表

产品准备	
5. 迅速找到需要的产品类型和尺寸。	16、17
6. 如果轮椅的调节范围有限，产品准备可能需要较多的时间。	1、2、12、13
7. 如果体位支撑装置需要修改，则需要更多的时间。	1、2、4、5、12、13
适配	
8. 如果轮椅进行了改制或安装了附加支撑装置，适配将会耗时较多。	3、6、8
9. 如果适配过程中对轮椅的设置进行调整，需要进一步的适配检查。	1、2、3、6、8、10、13
使用者培训	
10. 如果使用者第一次得到轮椅，或存在并发症，需要更多的时间培训使用者，包括健康、移动、操作轮椅、保养、维护和转介到其他机构。	6、7、10、11、14、15、20

注意：20. 对新理念持开放态度，鼓励创新，可以应用到所有领域。

说明：随访的计划和管理对服务的发展有很大的影响。随访在下一单元讨论。

规划中级服务

- 中级服务的需求更容易看得到。
- 在不久的将来会有更多的需求。
- 相应地培训和发展团队。

WSTP C.2.18 管理需求 

说明：

- 中级轮椅服务的需求越来越大。
- 当服务扩展至中级服务时，应该估计到较大的需求。
- 因此，与初级轮椅服务一样，建议有一个团队专门负责中级轮椅服务。

说明：中级服务需要较多的临床和专业知识以及技术。中级服务工作可以由一个人来承担，然而更常见的是由两个人分担，一位具备临床技术而另一位具备专业技术。

提问：你认为应该如何培训专业人员来开展初级和中级轮椅服务？

最重要的答案：
●首先为新人或团队培训初级轮椅服务：《轮椅服务初级教程》； ●如果服务机构不能承担增加的工资，可以考虑从合作机构发展人员； ●为中级轮椅服务找到新人或团队； ●为中级轮椅服务计划服务模式和设施； ●培训中级服务技能的新团队：《轮椅服务中级教程》。

6. 管理者行动要点概括（5 分钟）

讲出管理者行动要点。

说明：与轮椅服务人员和主要的利益相关者一起。

●建立制度来监督转介和管理等候者名单；

●与使用者家长和转介来源一起分享早期转介的成功故事；

●计划如何管理超出服务能力的转介需求；

●计划如何监督和改进服务的效率。

让学员参考“实训手册”并记录他们的行动措施，用来建立和管理服务供给与需求的平衡。

C. 3：规划随访

<table>
<tr><td>目标</td><td colspan="2">本单元结束后，学员将能够：
□描述需要更多常规随访的至少 4 类使用者人群；
□描述随访在社区或服务中心进行的至少 4 种好处；
□列出随访的两种障碍以及如何克服；
□讨论社区合作机构如何支持使用者在社区的融合和参与。</td></tr>
<tr><td>资源</td><td colspan="2">本单元：
□幻灯片：C. 3：规划随访；
□《学员手册和实训手册》。</td></tr>
<tr><td>情境</td><td colspan="2">本单元可修改以适应学员将工作的情境。例如：
□如果必要，思考学员工作的服务模式并调整案例；
□收集与情境相关的有用资源。</td></tr>
<tr><td>准备</td><td colspan="2">□如果可能，邀请轮椅使用者来讨论随访的好处，以及随访对他们意味着什么。</td></tr>
<tr><td rowspan="7">大纲</td><td>1. 前言</td><td>2</td></tr>
<tr><td>2. 随访的重要性</td><td>10</td></tr>
<tr><td>3. 随访的目的和随访应该在哪里进行</td><td>15</td></tr>
<tr><td>4. 计划随访</td><td>20</td></tr>
<tr><td>5. 克服随访障碍</td><td>20</td></tr>
<tr><td>6. 社区融合和参与</td><td>13</td></tr>
<tr><td>7. 管理者行动要点概括</td><td>5</td></tr>
<tr><td colspan="2">总单元时间</td><td>85</td></tr>
</table>

1. 前言（2 分钟）

说明：随访是轮椅服务的第 8 步。所有的轮椅使用者都会从随访受益。服务机构对如何随访有一个计划非常重要。在随访过程中，了解服务对使用者、他们的家人和他们所在社区的影响，服务机构也会从中受益。

2. 随访的重要性（10 分钟）

教师提示：
如果可能，邀请轮椅使用者来讨论随访的好处，以及随访对于他们和家人意味着什么。如果没有邀请到轮椅使用者分享他们的经验，讲出随访重要性的下列案例。 **杜丽**：她是一位 21 岁的女孩，与家人生活在一起。在随访中团队成员发现她不能走出家门，因为她的轮椅轮胎被扎破了。轮椅被丢弃在地下室。工作人员把轮胎修补好并给她家人一些建议。杜丽能够再次走出家门了。家人没有对随访进行评价直到他们感受到了随访的好处。服务团队决定对所有的轮椅张贴服务联系号码标贴，来减少以后这种问题的发生。 **玛丽亚**：她在脊髓损伤 9 个月之后得到了一辆轮椅。在随访中，团队成员发现她不舒服并有痉挛，玛丽亚认为是轮椅导致的。工作人员经过检查发现虫子大量滋生于轮椅装饰面料中。这可能引起严重的医疗并发症并最终导致轮椅的弃用。工作人员立即对这个问题进行了处理。玛丽亚现在很健康并且在轮椅上很快乐。 **安东**：他本是社区里知名的橄榄球运动员，有一次打橄榄球受了伤，导致脊髓损伤。后来他得到了一辆合适的轮椅并进行了使用者培训。但是在随访中，团队成员发现他仍不能走出家门。轮椅使用者培训人员恰好是随访团队中的一员，在与安东交谈后培训人员发现他缺乏信心，不想见他的朋友。他对于残疾感到孤单、尴尬。培训人员第二天又去了安东家并且陪着安东第一次外出。从此以后，安东的生活变得积极向上起来。 **吉汉**：他是一位 3 岁的男孩，与父母和哥哥生活在一起。在随访中团队成员发现他的支持性椅座摆满了食物，而且轮椅也从未做过保养。吉汉的父母说他很难坐起来，在椅子上也不舒服。他们不喜欢这个产品。吉汉预约了由参加过中级服务培训的团队再次评定。工作人员对轮椅的设置进行了修改，使吉汉能够坐直并且四处张望来探索周围的环境。吉汉和他的父母很开心，当服务人员演示如何保养和维护吉汉的轮椅时，他们看得很仔细。

提问：你有在不同类型服务机构开展随访的经验吗？

鼓励回答。

讨论：

- 有用吗？
- 这是计划的吗？
- 多长时间一次？

3. 随访的目的和随访应该在哪里进行（15 分钟）

说明：服务人员应该清楚随访的目的，以及它与新的预约有何不同。

讲出幻灯片的内容，强调要点。利用学员之前提出的一些答案。

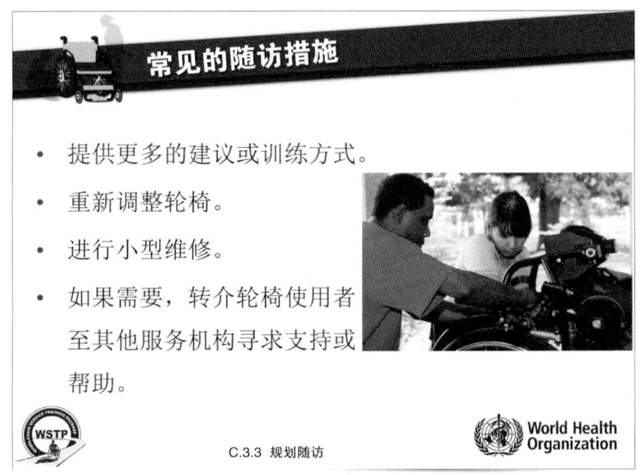

讲出幻灯片的内容，强调要点。

强调：随访不应该变成一次新的评定或对轮椅的全面翻新。如果随访需要时间过长或需要全面评定轮椅使用者的情况，则应该进行新的预约。

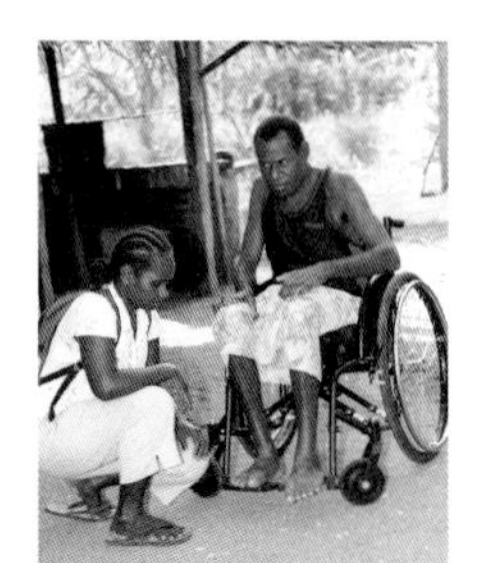

说明：随访可以在以下地点进行。

- 轮椅使用者家中；
- 轮椅服务机构；
- 适合轮椅使用者和轮椅服务人员的任何地方。

说明：在使用者的家中或靠近他们居住的社区进行随访是有好处的。

提问：你们认为有哪些好处？

感谢回答并把答案写在白板上。

最重要的答案：

- 使用者及其家人的成本效益更高：家人不用请假并支付交通费用；
- 服务提供者的教育：了解使用者在他们家里和社区面临的参与和融合障碍；
- 服务的质量：确认或不能确认轮椅满足使用者的需求；
- 社区认识：看到服务提供者在行动可以增加转介和可能的社区资金募集；
- 支持资金募集：可以进行个案研究和用于支持资金募集的使用者故事的收集。

说明：在服务中心进行随访也有好处。

提问：你们认为有哪些好处？

感谢回答并把答案写在白板上。

最重要的答案：

- 有效利用服务人员的时间：没有时间耗费在路途中；
- 在完整的车间设施下可以进行大型维修；
- 所有的设备和设施已经安装好了；
- 服务人员可以采取多种选择；
- 直接反馈服务质量：确认轮椅满足使用者的需求；
- 支持资金募集：可以进行个案研究和用于支持资金募集的使用者故事的收集。

4. 计划随访（20 分钟）

哪些人需要随访

- 随访对所有的轮椅使用者都有益。
- 随访对以下轮椅使用者最重要：
  - 儿童；
  - 有发生压疮风险的轮椅使用者；
  - 有进行性疾病的轮椅使用者；
  - 在轮椅上需要附加支撑的使用者；
  - 接受任何培训或指导有困难的使用者。

C.3.5 规划随访

说明：所有的轮椅使用者都从随访中受益。然而，随访对于以下人员最重要。

- 残疾儿童；
- 有发生压疮风险的轮椅使用者；
- 有进行性疾病的轮椅使用者；
- 在轮椅上需要附加支撑的轮椅使用者（中级服务）；
- 在转移、移动、健康或轮椅保养方面接受培训有困难的轮椅使用者。

随访什么时候进行

- 没有明确的规定。
- 中级使用者在配送轮椅后的6周之内进行随访是有益的。
- 理想情况是每6个月随访儿童和有进行性疾病的使用者。
- 其他使用者在配送轮椅后12个月之内进行随访是较为理想的。

C.3.6 规划随访

说明：对于何时进行随访没有明确的规定，因为随访的最佳时间取决于轮椅使用者的需求。

- 在 6 周之内随访中级轮椅使用者以检查新支撑装置的舒适性和支撑度是有帮助的。
- 对于儿童和进行性疾病的人，每 6 个月进行随访是比较理想的。这是因为他们的需求变化很快。
- 其他使用者在收到轮椅的 12 个月之内进行随访是比较理想的。

计划初级随访

随访使用者
新使用者
轮椅使用者总数

初级服务

总量 第1年
总量 第2年
总量 第3年

WSTP C.3.7 规划随访 World Health Organization

介绍初级服务的可视化工具。**说明**：

- 黑色＝随访预约。
- 灰色＝新的预约。
- 白色＝可提供的总服务数量。
- 第一年没有随访预约，所有的预约位置都用于新的使用者（灰色条）。
- 总共服务使用者（白色条）是所有的新预约。

提问：你们认为第一年不需要随访预约，这是现实的情况吗？

承认一些人需要优先随访。在一些服务机构，优先随访最高可以占到个案总量的30%。

点击显示第2年：注意黑色条是来自于第1年的随访预约。

提问：对于新的预约位置，灰色条发生了什么？

承认它降低了并且新的预约机会少了。

点击显示第3年。

强调新的预约位置总数量继续减少。

提问：可以考虑采取什么措施来维持每年新服务的数量？

最重要的答案：

- 发展服务支持的作用来进行随访；
- 在服务中心找到随访设施、工具和设备；
- 培训社区合作机构的专业人员进行随访；
- 培训更多的服务人员来处理增加的工作量。

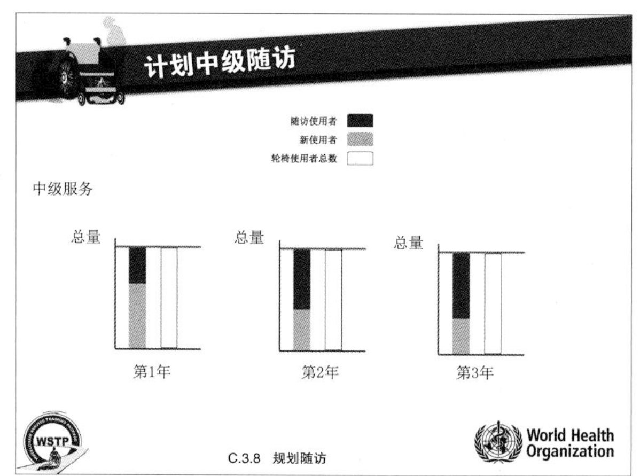

介绍中级服务的可视化工具。

说明：

- 黑色＝随访预约。
- 灰色＝新的预约。
- 白色＝可提供的总服务数量。

说明：第1年，随访预约通常在6个月后开始。

点击显示第2年。

提问：第2年初级服务和中级服务有什么不同？

承认随访数量大很多并且新的预约数量少了很多。

点击显示第3年。

提问：现在发生什么？

承认少于一半的预约用来服务新的使用者。

提问：在你们的服务中心，你们需要什么时候开始计划随访？

感谢回答。

强调从初期计划随访并使它成为服务模式的一部分非常重要。

说明：如果服务机构不提前计划，会很快感受到随访对新预约的影响。尤其是中级服务第 3 年随访会接近饱和状态。

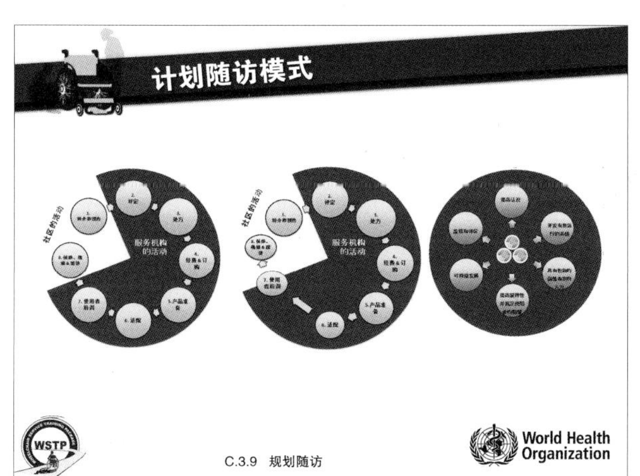

C.3.9 规划随访

- 一种解决办法是与社区的机构合作，培训他们的人员尽可能地开展随访。社区服务人员能够处理很多简单的随访任务，只需要转介回轮椅服务机构进行再次评定、大型维修或其他他们不能解决的问题。
- 这个职责由正面榜样例如移动功能障碍者承担有很多好处。

5. 克服随访障碍（20 分钟）

说明：尽管对使用者和服务提供者有很多好处，接受随访的数量通常很少。为了克服障碍和改进服务，重要的是找到为什么数量很少的原因。

提问：根据你们的经验，随访的障碍是什么？

感谢回答。

最重要的答案：

社区随访服务的障碍是：

- 服务中心人员到社区的交通成本；
- 服务中心人员到社区耗费的时间；
- 服务机构管理者不会优先考虑随访；
- 使用者不会认识到随访的价值直到他们感受到好处。

续表

最重要的答案：
机构随访服务的障碍是： ●一位或多位家庭成员请假的时间和交通成本是服务人员到使用者家里的两倍； ●一旦使用者得到轮椅后，使用者和家人通常不会认识到随访的好处； ●难以找到无障碍的交通工具； ●注意力集中于服务机构新的预约上，没有时间关注随访； ●难以安排随访：当服务人员没有空的时候使用者可能出现，或当服务人员有空的时候使用者没有来。

阅读印度尼西亚的机构如何解决随访问题的案例
印度尼西亚的轮椅服务项目，不是直接收取轮椅的费用，他们收取会费来支撑服务、随访、保养和行政成本。会费使会员有权利享有高质量的服务和持续的支持。有一个“浮动汇率制”系统，个人支付的会费根据其家庭收入，通过水电费账单、城市服务就业资料、自我报告和其他支持收入的指标来决定。 该轮椅服务项目发现会员制度在多个层面是有效的： ●会员积极期待高质量的服务和产品； ●因为会员缴纳了与其收入水平相关的大笔费用（通常在 2～20 美元之间，但是有时也高达 150 美元），他们更加珍惜自己的轮椅并为拥有它感到很自豪； ●因为会员资格让他们享受免费或优惠的随访服务，会员资格有效期是两年，会员更愿意尽快寻求随访服务。

活动	
分组	把学员分成 3 人或 4 人一组。
指导	讲出随访可能的障碍（“实训手册”第 96 页）。 增加小组强调的其他障碍到表格中。 思考领导变革的策略以及应用它们来克服随访的障碍。 在表格空白部分列出可能的措施。

续表

活动	
监督	监督各组，并在需要时给予协助。
时间	允许 5 分钟活动以及 10 分钟反馈。
反馈	思考克服随访障碍的每个措施，并让学员提出如何克服随访障碍的建议。

克服随访障碍的可能措施
激励、参与和促使使用者了解随访的好处： ● 在服务步骤 7：使用者培训的过程中说明随访的好处； ● 在休息室、网站和社区公告栏分享随访好处的案例； ● 使用者的会员制度。 激励、参与和促使服务人员了解随访的好处： ● 尝试实行服务人员提供的随访计划； ● 收集随访好处的案例研究。 找到立即和可衡量的结果： ● 为试点随访计划建立目标； ● 收集和分享成功的故事。 优先为随访分配资源： ● 用随访好处的成功案例帮助筹款，支持随访的具体开支； ● 分配时间发展社区合作机构，以及培训和指导社区的工作人员。 敢于面对不断出现的挑战： ● 仔细地检查随访数据和找到问题的根本原因； ● 使随访成为服务模式、制度和流程的一部分。

6. 社区融合和参与（13 分钟）

说明：正如我们讨论过的，随访是评价服务效果和是否实现总体目标的机会，目标包括提高轮椅使用者的生活质量、促进社区融合和参与。

轮椅服务更广泛的作用之一是提高可及性。它可以对轮椅使用者在社区的融合和参与产生很大的影响。

下面的案例说明没有实现居家和社区无障碍的成本。

阅读斯里兰卡居家和社区障碍导致病人延迟出院的案例

居家和社区障碍使政府成本很高。斯里兰卡一家康复医院于 1999 年进行了脊髓损伤的医院成本调查。调查结果显示医院每天的成本是 6.8 美元。

有 16 位病人在 8 号病房（该病房住的是不能够出院的病人），平均每位病人在医院时间是 61 个月，花费 858270 斯里兰卡卢比（12438 美元）。花钱使居家无障碍因此他们可以回家，节省医院和政府的费用。

说明：

- 居家的主要障碍之一是卫生间。

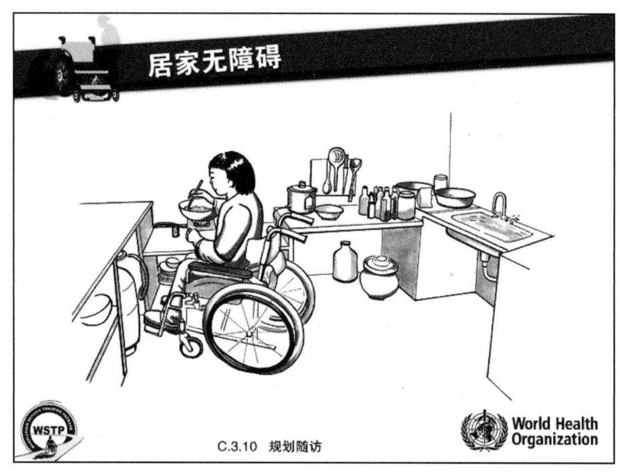

说明：

- 对居家进行简单的调整可以极大地改善生活质量。

强调：经研究，世界银行发现在建设时考虑到无障碍的成本是最低的。研究显示建筑无障碍对建设成本增加不超过 1%。

阅读尼加拉瓜建筑无障碍运动

尼加拉瓜一家叫做 CADISCA 的残疾人机构在首都马拉瓜发起一项运动，以强调高路缘和台阶的问题。他们与轮椅使用者团队一起在 3 个月内为社区修建了 200 个坡道和路缘（做一个与马路水平的坡口）。CADISCA 在社区的善举，促使了当地企业赞助在全市修建更多的路缘和坡道。

早期，CADISCA 用轮椅篮球来提高残疾人的自信和促进成员参与残疾人机构活动。

体育训练也为日常残疾人组织例会创造了契机，例会上人们举行了多项服务残疾人、提高认识的活动。这些训练在公园进行，让社区接触残疾人组织的活动并提高认识。最后，体育项目得到了公众对残疾人的关注和支持，推动了无障碍运动的成功。这有助于最后给政府施压，让政府在马拉瓜全市资助路缘建设。物质环境障碍的消除让轮椅使用者在所在城市获得经费、教育和社会领域的平等机会。

说明：交通是轮椅使用者的常见障碍。挑战包括以下几点。

- 让交通工具停留时间足够长以转移和存放轮椅；
- 携带轮椅要多交费用；
- 可拆部件被偷的风险，例如轮子；
- 由于门槛和出入口难以出行。

介绍泰国改装摩托车和印度改装自动三轮车的图片。

说明：

- 许多国家有包容性交通倡议，包括南非和哥伦比亚。“学员手册”中可查阅一些有用的资源。

说明：

- 简单如道路宽窄和卫生间是否无障碍可能成为上学的障碍。
- 提供无障碍建筑和道路的资源和信息可以使学校具有包容性。

概括：通过提供无障碍环境的建议和信息以及合作促进居家无障碍、交通无障碍并获得教育的机会；服务目标是最大限度地提高移动功能障碍者融合和参与的机会。

7. 管理者行动要点概括（5 分钟）

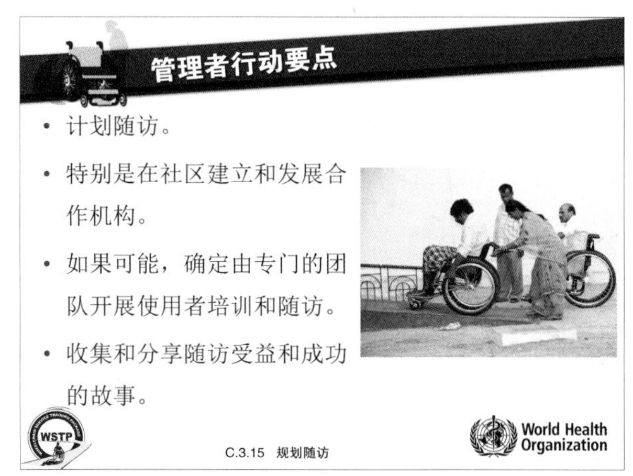

讲出：管理者行动要点。

与轮椅服务人员和主要的利益相关者一起。

- 计划随访；
- 建立和培训社区合作伙伴；
- 确定使用者培训和随访的职责；
- 通过收集受益和成功的故事让所有利益相关者参与重要的随访。

让学员查阅“实训手册”并记录他们计划随访的措施。

C.4：规划财务的可持续性

<table>
<tr><td>目标</td><td colspan="2">本单元结束后，学员将能够：
□定义财务可持续性；
□描述如何规划财务可持续性；
□确定至少3种资金来源；
□概述资金募集策略。</td></tr>
<tr><td>资源</td><td colspan="2">本单元：
□幻灯片：C.4：规划财务可持续性；
□《学员手册和实训手册》。</td></tr>
<tr><td>情境</td><td colspan="2">本单元可根据学员将工作的情境进行修改。例如：
□研究服务机构的服务模式；
□增加当地具体的资金来源或成功案例到参考资料中或建立补充资源以支持本单元。</td></tr>
<tr><td>准备</td><td colspan="2">□浏览单元计划并收集资源。
□认真检查资金募集框架。</td></tr>
<tr><td rowspan="6">大纲</td><td>1. 前言</td><td>2</td></tr>
<tr><td>2. 什么是财务的可持续性</td><td>15</td></tr>
<tr><td>3. 规划财务的可持续性</td><td>8</td></tr>
<tr><td>4. 确定潜在的资金来源</td><td>20</td></tr>
<tr><td>5. 规划资金募集策略</td><td>20</td></tr>
<tr><td>6. 管理者行动要点概括</td><td>5</td></tr>
<tr><td colspan="2">总单元时间</td><td>70</td></tr>
</table>

1. 前言（2 分钟）

说明：

本单元，我们将讨论管理者在发展战略中的两个职责，第一是要为服务步骤和扩大服务责任提供资金，第二是确保轮椅服务的总体目标是可持续的。

2. 什么是财务的可持续性（15 分钟）

说明：我们将建立“轮椅服务中什么是财务可持续性”的表述。

播放幻灯片。

介绍小组活动。

活动	
分组	学员分成 3 组。
指导	让每组写下轮椅服务中什么是财务可持续性的表述。 说明有时候写下它不是什么，然后把它变成一个正面的表述。例如，轮椅服务的财务可持续性不仅仅考虑产品成本，它可以变成：“轮椅服务的财务可持续性必须包括不止产品成本。” 它可以提供建立财务可持续性表述的起点。
监督	监督各组，并在需要时提供协助。 让各组在白纸上写下他们对财务可持续性的表述。
时间	允许 5 分钟活动和 8 分钟反馈并建立表述。

续表

活动	
反馈	让每组的一位代表来向其他人员表述他们的陈述。 评论陈述的共同内容并建立一个对财务可持续性的共同表述。 把共同表述写在白纸上并贴在墙上。

教师提示：可能表述的例子

- 一个可持续的轮椅服务项目，是指有能力在相当长一段时间内，按照服务的8个步骤为持续数量的使用者提供适用的轮椅。
- 它需要对产品供应、受过培训的人员、场地、监督和评价系统进行持续的投资。当服务得到保证，或持续得到保证，必要的资金和资源使这种持续的投资成为可能时就可实现财务的可持续性。

3. 规划财务的可持续性（8分钟）

- 确定需要的资金和资源；
- 确定潜在的资金来源；
- 确定潜在的非资金支持；
- 为获得资金和实物捐助制订策略。

C.4.3 规划财务的可持续性
World Health Organization

说明：规划财务的可持续性包括以下几点。

- 清晰地明确维持服务所需要的资金和资源（这在单元B.5中已讨论过）；
- 确定潜在的资金来源；
- 确定潜在的非资金支持；
- 为获得资金和实物捐助制订策略。

提问：在学员所处的环境中有哪些潜在的资金来源？

感谢回答。

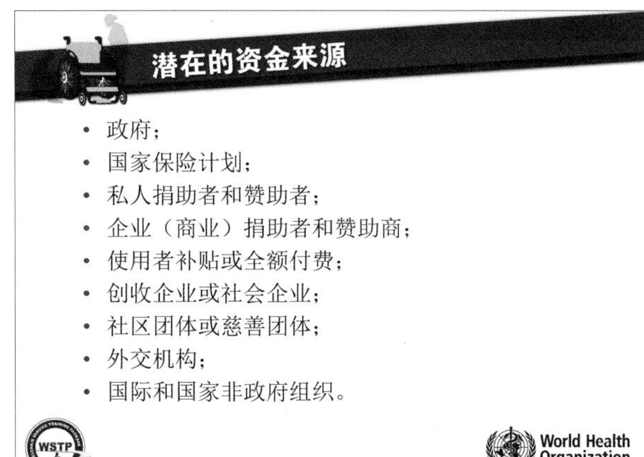

说明：有许多不同的资金来源。

播放幻灯片。

说明：

- 轮椅服务机构可以从许多不同的途径获得资助。
- 一些服务机构可能只有一种资金来源（例如政府），然而大多数服务机构从不同途径获得需要的资金和资源。

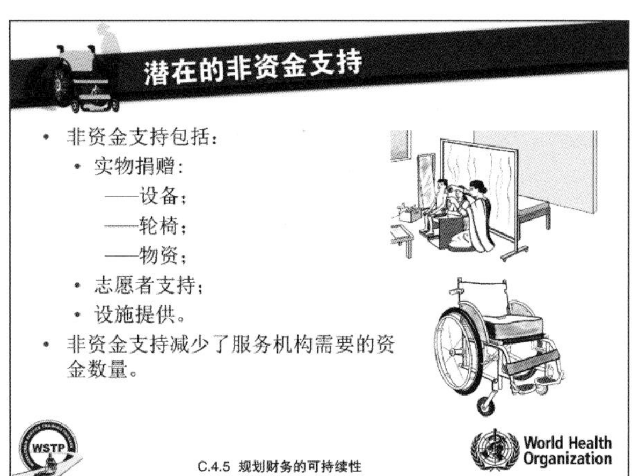

说明：

- 与资金来源一样，这里也有非资金支持的来源。
- 它包括实物捐赠（例如捐赠设备、轮椅和物资）、志愿者支持和设施提供。
- 非资金支持可以减少管理服务机构所需的资金数量。

提问：有人有非资金支持的案例吗？

感谢回答。

阅读墨西哥的案例：让社区和使用者捐款

墨西哥一年一度的电视和广播节目 Teleton 诞生于 1996 年，举办目的是为儿童康复中心的残疾儿童募集资金。

该节目由墨西哥电视公司制作，超过 600 家墨西哥和海外媒体以及 20 家商业企业赞助该活动。他们借助大量融合与成就相关的积极故事推销他们的成功愿景。在活动的 3 个月之前，案例研究作为宣传的一部分通过媒体发布。高知名度人士参与到该活动的宣传中。

Teleton 儿童康复中心在财务上是完全可持续和增长的，其财务来源是每年的资金募集活动和使用者捐助的总收入。

承认：Teleton 对助残意识的培养是大规模的，也是非常成功的。

说明：收集和分享成功故事是强大的资金募集工具。服务机构将受益于在他们社区的助残意识宣传活动。

4. 确定潜在的资金来源（20 分钟）

说明：一旦你计划了一种服务模式并制定预算，就必须要确定资金来源。

活动	
分组	分成小组。来自于同一机构的学员在一起。
指导	阅读可能的资金来源列表（“实训手册”97 页）。 选择你认为对你的服务机构有最大可能的 3 个资金来源，并把它们列在下面的表格中。 思考需要多大的努力以及短期或长期回报是什么。 按照优先次序排序。
监督	监督各组并回答问题。
时间	允许 12 分钟活动和 8 分钟反馈。
反馈	让学员讨论他们选择了哪种资金来源以及为什么。 提问是否有人想到了他们之前没有提出的资金来源？

5. 规划资金募集策略（20 分钟）

说明：一旦确定潜在的资金来源，服务机构的管理者就要为潜在的资金来源需要何种支持和多大的支持制订策略。

说明：

- 为了帮助规划策略，管理者需要对不同资金来源进行优先排序，并计划他们将如何处理获得的资金。
- 管理者需要考虑：
  - 资金来源：谁将获得；
  - 支持：管理者要求从资金来源处获得什么支持。

募集资金框架案例：

要求：你要求资金来源机构提供或支持多少钱？

可能：资金来源机构资助或支持的可能性多大？可以分类为低、中和高。

努力：需要什么来获得资金，以及报告什么或其他责任？

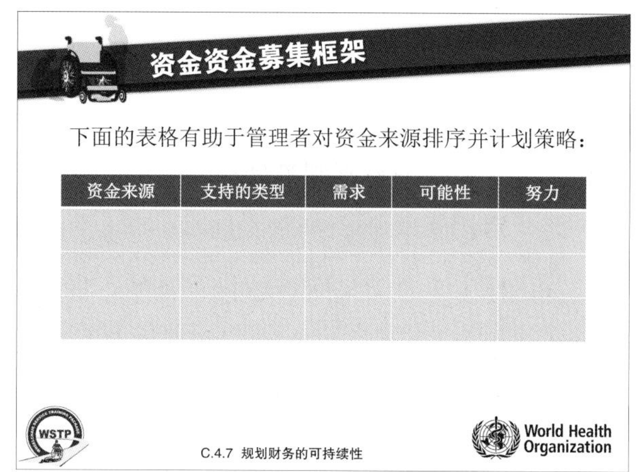

说明：

- 表格可以帮助管理者对资金来源优先排序和计划策略。

思考：

- 支持的类型：这可能集中在示范产品的预算项目或服务步骤，以及若干相关预算项目。思考具体的经费来源，他们最可能需要什么支持。
- 要求多少：思考上次捐助给服务机构或其他机构的规模。目标是寻求切实可行的金额。
- 努力：获得资金付出的努力应该与资金量成正比。责任应该对服务机构是可负担或可管理的。

活动	
分组	同样的分组。
指导	阅读表上的案例（“实训手册”98 页）。 从上次练习中列出 3 个资金来源。 为选定的资金来源完成表格。 承认不可能精准地完成所有内容，但是仔细检查流程并增加尽可能多的信息。
监督	监督各组，并在需要时提供协助。
时间	允许 15 分钟活动。
反馈	要求用表中列出的策略对结构性资金募集进行反馈。

说明：联系之前单元的年度预测工作量和预算工作，建立预算预测来了解资金募集的努力非常重要。

6. 管理者行动要点概括（5 分钟）

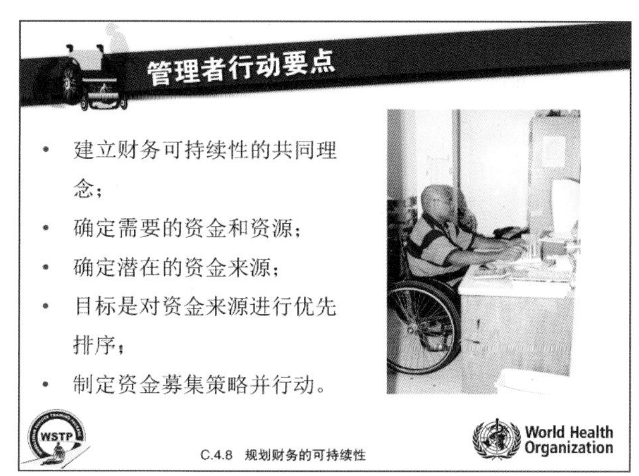

讲出：管理者行动要点。

与轮椅服务人员和主要利益相关者一起。

- 建立财务可持续性的共同理念；
- 确定需要的资金和资源；
- 确定潜在的资金来源；
- 目标是对资金来源进行优先排序；
- 制定资金募集策略并行动。

让学员参考“实训手册”，对于服务机构财务可持续性的计划，学员应把他们自己的行动记录下来。

整合所有知识

目标	本单元结束后，学员将能够： □思考管理者可以采取的行动，以激励利益相关者改进所在地区的轮椅服务。	
资源	本单元： □幻灯片：结束单元，整合所有知识； □视频：临别赠言； □评估表格（前一天分发并在本单元收集）。	
情境	□本单元可根据学员将工作的情境进行修改。	
准备	□浏览单元计划并收集资源； □确保已经打印了证书并有教师签字； □检查变革理念的白板纸（在培训开始前张贴）。	
大纲	1. 前言 2. 领导变革的行动 3. 闭幕式和颁发证书	2 18 10
总单元时间		**30**

1. 前言（2 分钟）

说明：在最后单元中，管理者可以带头采取行动来改进所在地区的轮椅服务。

2. 领导变革的行动（18 分钟）

活动	
分组	不分组。
指导	参考培训开始张贴的白板纸“变革理念”，并在上面记录管理者和利益相关者可以采取的措施来改进适用的轮椅供应体系。
监督	鼓励学员增加他们还没有记录下来的任何观点（允许 5 分钟）。
时间	允许 18 分钟。
反馈	让一位学员引导回顾以紧迫感传播轮椅供应服务的重要性，并建立共同愿景。 提问：下一个步骤是什么？ • 你们将成立一个专责小组来启动建议的一些措施吗？ • 谁将进一步采取这些行动？ • 你们将来会再次相聚吗？什么时候？ 再次整合利益相关者与资源。 再次激励、参与和动员利益相关者。 记录：在白板上记录下一个步骤，以及人员的职责和日期。

3. 闭幕式和颁发证书（10 分钟）

说明：

- 图中的 LOGO 代表致力于让人们走出来，而不是封闭在他们家里或小房子中，由受过培训的专业人员提供适用的轮椅服务，提高残疾人的参与和融合。

鼓励学员使用这个 LOGO。

让管理者上交前一天分发给他们完成的评估表。

介绍视频：临别赠言。

播放视频。

教师提示：

- 教师可以选择他们希望怎样颁发证书和结束培训。如果之前没有给学员海报，作为本单元的一部分内容，每位学员也可以得到一份轮椅服务步骤的海报。

参考文献

①资源有限地区手动轮椅服务指南．日内瓦：世界卫生组织；2008（http：//www.who.int/disabilities/publications/technology/wheelchair guidelines/en/）．

②轮椅服务初级教程．日内瓦：世界卫生组织；2012（http：//www.who.int/disabilities/technology/wheelchairpackage/en/）．

③轮椅服务中级教程．日内瓦：世界卫生组织；2013（http：//www.who.int/disabilities/technology/wheelchairpackage/wstpintermediate/en/）．

④残疾人权利公约，G.A.Res.61/106（2007）纽约：美国；2008（http：//www.un.org/esa/socdev/enable/rights/convtexte.htm）．

⑤Bragar Galer，Joan，Alison Elis and Sylvia Vriesendorp.《管理者的领导力》第6章“领导变革促进健康”．剑桥：健康管理科学；2005.

⑥Wyndaele M，Wyndaele JJ. Incidence，脊髓损伤的流行和流行病学：世界文献调查学习到什么？脊髓，2006；44：523—529.

⑦Razzak A，Helal SU，Nuri RP. 发展中国家脊髓损伤后的预期寿命，在CRP的回顾研究，孟加拉国．残疾，社区康复和融合发展，2011. Vol. 22. 2011.

⑧世界卫生组织，世界银行，世界残疾报告．日内瓦：世界卫生组织；2011（http：//www.who.int/diabilities/world_report/2011/report/en/）．

⑨资源有限地区行动辅具服务的联合意见书．日内瓦：世界卫生组织；2013（http：//whqlibdoc.who.int/publications/2011/9789241502887_eng.pdf？ua=1&ua=1）．